男の子を追いつめるお母さんの口ぐせ

金盛浦子

静山社

はじめに

言葉って不思議です。

たとえば「雨」という言葉の意味はひとつです。でも、それが人の口から出たときのことを考えてみましょう。

「あめ」

「あめ〜」

「あめ！」

と、とりあえず3つくらいありそうです。

字で書いてしまうと、あまり区別がつきませんが、「あら、あめ」「ええー、あめ〜」「わっ、あめ！」と、つけたしてみるとしゃべるときの感じが少しは出てきます。

つまり、言葉はその人の感情をあらわしてもいるのです。そして、それは確実に他の人に伝わり、反応してまた自分に戻ってきます。

つい最近のことですが、ある若い女性に相談を受けたことがあります。会社での人間関係がうまくいかず、だんだん仕事にも熱意がなくなってきたので会社をやめたいというのです。

彼女と話をして、すぐに気づいたのは、「不満の多い人なんだぁ」ということでした。表面的には、会社への不満、上司や同僚への不満、彼氏への不満なのですが、その不満のベースにあるのは自分自身への不満です。

「自分から好きで入った会社ではないし、本来自分にはもっと別の能力があるはずなのに、どうして……」

そんな不満が心の底で渦巻《うずま》いているのです。

私は彼女に、「必ず実行してくれる」という条件で、あるアドバイスをしました。

とても簡単なことで、朝起きたら、鏡の中の自分に向かって「おはよう！　今日も素敵よ」と笑顔で声をかけること。会社に行ったら、最初に出会った人に、「おはようございます！」と笑顔で元気にあいさつすること。そして、夜寝る前に、もう一度鏡に向かって、「今日一日をありがとう」と言う。この3つだけです。

一応うなずいてはいましたが、その表情には明らかに「つまらないことを言っているわ」という感じがあらわれていました。私も、彼女が実行することはないだろうと思っていました。

ところが、半年もたった頃です。彼女から、突然、手紙をいただきました。

「あるプロジェクトにピックアップされ、毎日、元気で仕事をしています」

というのです。ええ？　と、私はびっくりしました。

しばらく私のアドバイスを無視していた彼女が、ふと、思い出して私のアドバイスを実行してみたのは、私と会って2ヵ月もした頃だったそうです。

実行してみたら、いろいろなことが急激に変化してきました。いままでいやな上司だと思っていた人が、にこやかに挨拶を返してくれる。いじわるだった先輩が、意外に親切になった。それが、全部彼女に返ってきて、彼女自身もまたさらに明るく変わっていく。悪い循環が、いい循環に変化してきたのです。

プロジェクトに抜擢《ばってき》されたのも、その結果でしょう。

さて、子どもを持つ、とりわけ男の子を持つお母さんたちが子どもを追いつめている口ぐせも同じです。

そのベースにあるのは、自分自身の心の底にある不満です。それが周囲への不満につながり、息子を追いつめる口ぐせにつながっていくのです。

男の子は女の子以上に傷つきやすい繊細な心を持っているものです。ところが母親は、自らが女性であるため、「男の子は強く、おおらかなもの」と信じていて、そこにすれ違いと軋轢《あつれき》が生じます。また女性であるがために、男の子である息子を溺愛《できあい》する傾向があります。子どもに投げかけた言葉が女の子以上に男の子を傷つけることになるのは、こうしたベースがあるからです。

この本でひとつひとつの言葉を自分自身に当てはめて考える前に、まずこのベースを心に留めておきましょう。そして自己への不満度もみつめてみましょう。そして、よいところも悪いところも含めた丸まんま、素の自分を愛《いと》おしみ、抱きしめてください。きっと生きていることへの感謝の気持ちが生まれてくるでしょう。

それができるようになれば、子どもに対する言葉がまるで変わってきますよ。そして、おそらく子ども自身も大きく変わってきます。

金盛《かなもり》 浦子《うらこ》

目次＊男の子を追いつめるお母さんの口ぐせ

第2章　男の子を傷つける「56の口ぐせ」

(幼児期編)

（小学生編）

（高校生編）

第3章 お母さんの口ぐせが変わると、息子も変わる

この本では構成上、幼児期から小学生、中学生、高校生と分けて、それぞれ具体的な言葉をあげて書いていますが、じつは、すべての項目はそれぞれに関連し合っています。

幼児期の言葉でも、中学生、高校生になって影響してくるということを知っておいていただきたいと思います。

男の子を追いつめるお母さんの口ぐせ

第1章　なにげない口ぐせが、息子をダメにする

女の子のママ
うちの娘 最近よく お手伝いしてくれるの おつかいとか お料理とか…
女の子 いいなあ
おつかい行ける？ 牛乳、卵、キャベツ
えー いいよ
eco bag
行ってらっしゃ〜い!! がんばれ〜。
「袋はいりません。」って言うのよ!
ドキ
ドキ
eco

ただいま
おかえり
ん!?
何でレジ袋なの!?
何で3つくらい買わされなりの!?
しかも卵割れてるし…
振り回したの?
卵と牛乳と何だっけ…
男の子ってデリケート
もう絶対行かない…
しまった…

子どもを傷つけ、まわりを不快にする口ぐせ

朝起きたときから、夜寝る前まで繰り返してこの言葉を口にしている人がいるとします。

「ほんとに、いやになっちゃうわ」

口ぐせなのですから、本人は意識せず、「おはよう」「こんにちは」と同じつもりなのかもしれません。でも、言われた人にとってはどうでしょうか。

「何度起こしても起きないんだから、もうほんとに、いやになっちゃうわ」

と言われたお父さんは、どうでしょう？

「〝おはよう〟くらい、言えないのか」

と不快でしょうね。これはまだしも、

「あらぁ、雨？ ほんとにいやになっちゃうわ」

「あら、お天気ね。いやになっちゃうわ」

こうなると、聞いているほうも朝から一日の気分が悪くなってしまいます。まわりの気分が悪くなれば、それは反応となってお母さんに向けられます。

すると、お母さんも愉快《ゆかい》ではなくなり、さらにいやな言葉が出てきます。悪循環です。ただの口ぐせですらこうなのですから、子どもを詰問《きつもん》する意味で向けられる口ぐせは、もっと大きな作用を持っています。

「ダメ！」

「早くしなさい」

「何度言ったらわかるの」

「もう、知らないからね」

「いいかげんにしなさい」

……etc.

どうですか、みんなおなじみの言葉ですよね。

でも、こうした言葉が子どものやる気を殺《そ》いでしまうだけでなく、じつはお母さん自身をダメにしていることに気づいていますか？

まず、この言葉を口にしているお母さん自身だって、けっして愉快ではありません。イライラしたあげく、こうした言葉を言い放ったあとに、

「私ってダメな母親。どうして、いつもこうなのかしら」

そんなふうに自分を責めることが少なくないのです。

なぜ「聞かない子」に育ってしまうの？

たとえば子どもに向けての、

「何度言ったらわかるの」

という言葉について考えてみましょう。

つまり、これは親が何度も同じことを子どもに言っているから出てくる言葉ですね。そして、何度言っても聞いてくれない。

どうして聞いてくれないのか、考えたことはありますか？

そうです。まさに何度も同じことを言っているから、子どもは言うことを聞いてくれないのです。

子どもにとっては、お母さんの言葉が風や雨の音と同じになってしまうのです。

これではインパクトがありませんね。

親のほうも同じことで、ただ自分の腹立ちをぶつけるために言葉を投げつけているだけ。

これではコミュニケーションが成立しませんし、親のほうだって本当に言うことを聞かせたいと思っているのかどうか、いささかあやしくなってきます。

それだけならまだしも、親の口ぐせが子どもの心を傷つけてしまうことだって少なくありません。

こうなると、子どもはますます親に反発するようになり、すると親からの攻撃もさらにエスカレートしてしまいます。

毎日、何度も「あ〜あ」と溜息《ためいき》をつき、「どうしてこんなにいやなことばかりなんだろう」といった言葉が口ぐせになっている人を見て、あなたは快《こころよ》く感じますか？　もちろん心地よくないですよね。

こうした口ぐせは、まわりの人を不快にし、人を遠ざける結果をもたらします。

もちろん口にしている本人だって愉快なはずがありません。自分の中から出てくる不快な言葉が、さらに自分を不快にし、その人のパワーを殺いでしまいます。

「どうしてこんなにいやなことばかり」と嘆きたくなる状況を、自分自身で作り出しているのです。

そうだとしたら、自分をどんどん幸せにしてくれる言葉を口ぐせにしたいものです。

素敵なお母さんは、言葉のパワーを知っている

「私は元気！　みんなも元気？」

「ありがとう」

「なにかいいことがありそう」

たとえば、こんな口ぐせはどうでしょう。

また、ちょっといやなことがあったら、そんなときは、

「大丈夫！　きっとうまくいく」

そう、意識的にプラス思考の言葉を口ぐせにしてしまうのです。

そんなの理屈よ、と思いますか？　そうだとしても、とにかく試してみましょう。きっと1週間もしないうちに、気持ちが明るくなって、まわりの人たちもニコニコしてきます。素敵！　と感じることもたくさん出てきます。

子どもに対する言葉だって大きく変わってきます。

そして、言葉が変われば、子どもも自身も変わってきます。

そんなにうまくいくはずがない、と思う前に、まず実行です！

「ありがとう」がいつも行き交っている親子は素敵な関係が築かれている、というのは私のゆるぎない信念です。

たとえば、子どもに対しては「生まれてきてくれて、ありがとう」です。

逆に、子どもは親に対して「産んでくれてありがとう」ですね。このことは、親子関係のベースです。

自分に向けての「ありがとう」も大切です。言い換えれば、自分の生命へのありがとうです。この世に生かしてくれてありがとう。

その他にも、日々の暮らしの中にはあふれるほどの「ありがとう」があります。

「今日一日、いいお天気をありがとう」

「心地よい風をありがとう」

「素敵なみどりで元気づけてくれてありがとう」

「家族みんなの元気をありがとう」

まだまだ数え上げれば100くらいはありそうですよ。

その「ありがとう」を、まず紙に書いてみましょうか。それから朝、昼、晩、一日3回でいいですから、声に出して言ってみてください。

1週間ほどで息子への口ぐせは半分以下になっていることでしょう。

言葉とはお互いの心に響きあうもの

言葉というものは不思議なものです。

昔から、男性が女性を口説くときに、女性が「いや」という言葉には、いろいろなニュアンスが含まれるといいます。

たしかに、本当に拒否をしている「いや」と、恥じらいを含めて受け入れるときの「いや」はぜんぜん意味合いが違います。

それと同じで、同じ言葉でも、言う人の思いによって、意味がガラリと変わってきますよね。

たとえば、母親が子どもに「片付けはもうすんだの？」と尋《たず》ねるときに、

「さっきから言っているのに、まだやってないの！」

という言葉を言外に含んでいることもあれば、

「きっと、もうすんだのよね。偉いわね」

というニュアンスを含んだ場合があります。

まったく同じ言葉でも、前者なら子どもに反発されるでしょうし、後者なら、

「ごめん、まだやってなかった。すぐやるね」

と素直な反応が返ってくることでしょう。

そして、いつも小言と子どもへの批判ばかり口にしていると、お母さんの言葉は子どもにとって「また、いやなこと」という反応になってしまいます。

これを心理学では嫌悪刺激《けんおしげき》といいますが、「お母さんの言葉」＝「いやなこと」という一種の条件反射ですね。

言葉というのは、ただ単に意味を伝えるだけでなく、お互いの心に響きあうものをもっています。

親子の関係に必要なのは、言葉そのものより、むしろこの響きあうものではないでしょうか。

子どもはもっとお母さんに話を聞いてほしい

ふれあいは親子にとって、とても大切なことです。

赤ちゃんや幼児期は、からだや声のふれあいが中心ですが、成長するとともに言葉によるふれあいの重要性が増してきます。

良いこと、悪いことを含め、いったい親は子どもとどのくらいの時間、会話をしているのでしょうか？

「シチズン」が行った「親子のふれあい時間」というアンケート調査によると、「親が子どもの悩みを聞く時間」は1週間のうち平均で47分、もっとも多かったのは30分です。

一方、「叱《しか》ったり礼儀作法を教えたりする生活指導時間」は平均で53分、もっとも多かったのは1時間です。

つまり悩みを聞くより、説教の時間のほうが断然多いということですね。

また、私が主宰している「自遊空間ＳＥＰＹ」で以前、母親と子どもにアンケート調査をしたことがありますが、「子どもの話を聞いていますか？」という問いに、母親の70％は「はい」と答えたのですが、それに対して、同じ質問に「はい」と答えた子どもは40％でした。

親は話を聞いていると思っていても、子どもはあまり聞いてもらっていないと感じているのです。

いったい、このギャップは何でしょうか？

親が子どもの話を聞くことが、じつは非常に難しいということです。

たとえば日常ありがちなことですが、子どもに何かを尋ねられたときに、親はどう反応しているでしょうか。

右から左に聞き流しているのは、けっして聞いていることにはなりません。「きく」という文字には、「聞く」と「聴く」があります。「聞く」はBGMのように、意識を集中することなく聞き流すという状態に近いものですが、「聴く」は、意識して耳と同時に心を傾けることです。

息子をダメにする「口ぐせ」をなくすには、まずこの「聴く」ことが大切です。

つまり息子の言うことを、お母さんが「心」と「気持ち」をこめて聞くということですね。

「話す」とは、心を「放つ」こと

ひと言で「親子の会話」といいますが、子どもの心の成長に大切なのは、「子どもの側から話す」ことです。

たとえば、子どもがその日、学校であったことを何か話し始めたとしましょう。そんなときは、きちんと子どもの目を見て、子どもがすべて話し終えるまで、言葉をはさまずに聞いてほしいですね。

簡単でしょうか？　これが意外に難しいのです。

子どもの話の内容が、

「今日学校で友だちとケンカをしたんだけど」

「宿題を忘れて、先生に叱られた」

という内容だった場合、

「だから言ったでしょう。ダメね」

といった言葉をはさんでしまいませんか？

こうしたことが続くと、子どもはどんどん親に話をしなくなり、言葉によるふれあいがなくなっていきます。

これがやがて「自分に自信が持てない」「自己肯定感の欠如」といった問題につながっていきます。

「話す」という言葉は、「放つ」からきているといわれています。

つまり、話すことは自分を解き放すことでもあります。ただ話を聞いて受け入れてくれるだけで、心が落ち着くことはおとなでもよく経験することですよね。

子どもとからだをふれあうことによって愛着関係を深めることと、この話を聞くということで、子どもの心は健《すこ》やかに育ちます。

そして、子どもが生まれたばかりのころ、親が子をいとおしく抱きしめるのは、けっして「子どもがすぐれているから」でもなく、また「人より可愛いから」でもありません。

ただ、愛《いと》しい気持ちですべてを抱きしめているのです。

子どもに話をしたり、聞いたりするときは、このことを忘れないでほしいです。

第2章　男の子を傷つける「56の口ぐせ」

幼児期編

——「お母さんの言葉＝不快なもの」にならないで

言葉というのは、お互いの心に響きあうものです。

このことは第1章で触れましたが、心に響きあうという点で、最も大切なのはこの幼児期でしょう。

幼稚園くらいの年齢になれば、言葉はかなり発達してきますが、まだからだで感じるという要素が大きいものです。

つまり、お母さんの発する言葉は、言葉そのものの内容より、その響きが子どもに与える影響のほうが大きいということです。

そのお母さんがいつもヒステリックに、あるいは威圧的に怒ってばかりいたら、子どもにとって、

「お母さんの言葉＝不快なもの、怖いもの」になってしまいます。

幼児期にこれが刷《す》り込まれてしまうと、小学生、中学生と成長していくなかで、お母さんの言葉を耳に入れなくなってきます。

特に男の子の場合、幼児期には女の子以上に甘えん坊な部分がありますし、言葉の発達も遅れがちですから、お母さんの響きが与える影響は大きいのです。

いつもの朝の風景・・・
早くご飯食べなさい!
早く制服に着替えなさい!
早く歯磨き・・・って、いったいいつまでご飯食べてるのよ!?
のんびり〜
もう、バス来ちゃう。もっと焦ってよ〜〜
は〜〜い

急げーっ!!
ドテッ!
わーん! だっこーー
トホホ…
あ! くじらの くもだ!
ほんとだーー
また、園バス 行っちゃったけど ま、いっか…

1 うるさいわね、もうすこし静かにできないの！

たしかに子どもって、にぎやかですよね。休み時間に小学校の近くを通ると、ずいぶん遠くまで子どもたちの歓声が聞こえてきます。とくに男の子は、たとえ1分でもじっと静かにしていることができません。おとなには、「うるさいなぁ」と感じてしまうことがあります。

でも、子どもにとっては、それがあたりまえ。

もし、あなたの子どもが幼稚園か小学校低学年で、いつも物静かで大きな声のひとつも上げないとしたら、「素晴らしい子どもだわ」と思いますか？　セラピストの私としては、ちょっと心配になってしまいます。

でも、大切なことがあります。そんな子どもの天性を守ることと、公共の場でのマナーを守ることは別物です。

最近、「子どもがうるさいのはあたりまえだから」と、レストランや電車の中でいくら子どもが騒《さわ》いでも注意さえしないお母さんが増えています。

これは、ちょっと意味を取り違えていますね。

だからといって、「うるさい！　静かにしなさい」と大声で一喝《いっかつ》というのは、どうでしょうか？　子どもを近くに呼んで、きちんと話しましょう。ふだん、暴れたり、騒いだりしている子どもは、ちゃんとわかってくれるはずです。

いくら大声を出しても言うことを聞かないのは、むしろふだん騒ぐことを禁じられている子どもに多いのです。

それに、しょっちゅう「うるさい、静かにしなさい！」と怒鳴《どな》ってばかりいたのでは、子どもだって慣れっこになって、いざというときに言うことを聞いてくれません。

男の子なら、なおさらのこと。

他人の迷惑にならないような場所だったら、大いに騒いだり、暴れたりさせてあげましょう。子どもにとっては、それが心の満足につながります。

満足すれば、ちゃんとお母さんの言うことも聞くようになります。

2 男の子なんだから、いつまでもベタベタしないでちょうだい！

「もう、ベタベタして。本当にうっとうしいわね！」

思わず口にしたくなることがありますよね。

このお母さんの気持ち、わからなくはありません。しかもお買い物に、お料理にとてんてこ舞《ま》いしているときにかぎってベタベタしてくるから困りものです。

でも、なぜ忙しいときにかぎってそうなるのか考えてみたことがありますか？

「忙しいんだから相手なんかしてられないの！」というお母さんからのオーラが子どもに伝わっているからです。ひょっとしたら額にシワがよっているかもしれません。

「ちょっとボクのほうを向いてよ！」

それがベタベタのサインなのです。

そして不思議なことに、このベタベタは男の子のほうが多いのです。

お母さんのほうも、女の子なら「女の子だから、甘えてもしょうがないか」と感じても、男の子だと「男のくせに、なによ」と余計イライラがつのります。

グズっているのは満たされていないから。心が満たされず、安心できないからグズっているのです。

「もういや！　ベタベタは嫌いなのよ」

「いつまでも赤ちゃんなんだから」

この言葉でベタベタがとまりますか？　無理ですよね。お母さんだって疲れているんだから。余裕がないんだから。それはわかります。

でも、子どもと同じ目の高さで向きあい、ベタベタする男の子を少し受け入れてみましょう。

できればぐっと抱きしめて、

「ママは○○くん、大好きよ」

きつい言葉より、何倍も効果的です。

これって、じつは大切な心のビタミンなのです。男の子だって女の子だって、元気に育っていくのになくてはならないものなのです。

3 やめなさいって、何度言ったらわかるの！

子どもが少しも言うことを聞かず、「やめなさい」と何度注意しても利《き》き目がないとき、「何度言ったらわかるの！」。よく出てくる言葉です。

でも、お母さん、「何度言ったらわかるの！」と口にしたあとで、「こんなに言っているのに、どうしてダメなのだろう？」と自分に問いかけてみたことがありますか？　おそらく、あまりないのではないでしょうか。

「しょっちゅう〝やめなさい〟と言わなければいけないことばかりで、そんなこと考えるヒマなんかないわ」

そうおっしゃるかもしれませんね。問題は、そこなんです。何度も同じことを言っているから利き目がなくなるのです。

たとえば、子どもがおもちゃを引っ張り出して、部屋中を散らかしているとします。「ダメでしょう。また、そのままなんだから。前のものを片付けてから出しなさい」

そんなふうに注意します。そして1分後、子どもは相変わらず。そこで、お母さんが一喝。「何度言ったらわかるの！」

その20分ほど前はどうだったでしょうか？

そこでも、「いいかげんにしなさい！」「やめなさい！」「何度言ったらわかるの！」と、やっていませんでしたか？　ひょっとしたら、その合間にもあれやこれや小言《こごと》を言っていたかもしれませんね。

男性に比べて女性は、どうしても小言や注意が多くなりがちです。子どもと接している時間が長い分だけしかたがない面もありますが、その場の感情だけであまり後先のことを考えないで言葉が出てしまうという面もあるのではないでしょうか？

ちょっと子どもの身になって考えてみましょう。

いつも同じ注意や小言を繰り返されていたら、聞いている子どもだって、「うるさいな」を通り越して右から左に聞き流すようになってしまいます。いわゆる「聞く耳持たぬ」という状態です。そこでお母さんは、さらに腹を立てて「何度言ったらわかるの！」となるのでしょう。

小言や注意は効果的に使いましょうよ。

4　あなたのこと嫌いになってもいいの？

男の子って、本当にやんちゃだったり、きかんぼだったり。言うことを聞かないと、つい、「今月のお小遣《こづか》いはなしよ」とか、「言うことを聞いたら、おもちゃを買ってあげるわ」なんて言ってしまいます。いわゆる交換条件ですね。

この交換条件が効果的な場合もありますが、「嫌いになっちゃうわよ」とか「お小遣いなしよ」という子どものマイナス評価につながる交換条件は考えものです。

世の中には、「男の子には少しくらいムチも必要だ」という親が少なくありません。でも、本当は男の子ほど言葉の罰《ばつ》、ムチという名の罰に深く傷ついているものなのです。女の子は、むしろ受け流す弾力性を持っていますが、男の子は感情がストレートな分、ムチで傷つくことが多いのです。

まして男の子にとって母親は、最初に出会う、親しくなる異性。男の子にとって、母親は特別な存在なのです。その母親が、「嫌いになっちゃうわよ」などと言ったら、どうでしょう？　心の傷は計り知れないものがあります。

交換条件を使うなら、やはり子どものプラス評価につながるものがいいですね。

「あなたが大好き。だから、◯◯してね」

ふだんからこんな言い方をしていれば、子どもは母親への信頼を深めることで言うことを聞くようになります。

「おもちゃを買ってあげる」という方法だって悪くないですよ。子どもが「がんばろう」という気持ちになるきっかけになりますし、大切なのはその気持ちなのですから。

ただ、この場合、ご褒美《ほうび》がその場限りのものになってしまわないように、子どものがんばろうとする気持ちを引き出すかたちにしたいですね。

たとえば、「お片付けできたかなカレンダー」といったものをつくって、ちゃんとできた日は◯とかハナマルとかを書き入れます。こうして1週間で◯が5つ以上ならご褒美をあげます、ということにするのです。

子どもは、それがまるでゲームみたいで、楽しんでやろうとしますし、1週間という区切りをつけることでだんだん片付けが習慣化されていきます。

何より大切なのは、ただ「やりなさい」と子どもに命じるだけでなく、「お片付け」を親子一緒のイベントにすることで、いい共感が生まれることなのです。

5 なにグズグズしてるの！早くしなさい！

今日もつい、言ってしまったのではありませんか？「なにグズグズしてるの！早くしなさい！」は、親の口ぐせナンバーワンかもしれません。あれもしなくちゃ。これもやらねば。いまこの瞬間のこと、プラスその先の予定まで頭に置いて、まっしぐらなお母さん。

でも、子どもにはそんなおとなの時間の観念なんてありません。子どもの時間って、時々ピタリと止まってしまうことがあります。

何かに興味を引かれたり、引き込まれたりすると、そこで時間が止まってしまうのです。そうかと思えば、超スピードで気持ちがさまよいます。あるおもちゃで遊んでいて、他の何かをみつけると、あっという間に方向転換。いままでのことがなかったように新しいものに夢中になってしまうこともあります。

同じ空間にいても、お母さんとは流れている時間がまるで違うのです。お母さんから子どもを見ると、「どうして、こんなにグズなの！」と感じてしまいます。そして、時には、なぜか自分の子だけがグズに思えてしまったりします。

たとえば幼稚園に着いて、脱《ぬ》いだ靴を靴箱に入れ、バッグを決まった場所に掛《か》けるという行動に5分も10分もかかってしまうことがあります。幼稚園や小学校の1～2年生くらいの年齢では、むしろ男の子にこの傾向は強いようです。

でも、焦《あせ》ることはありません。すべてのものには必ずプラスとマイナスがあります。

小さいときから何でもてきぱきと要領《ようりょう》よくこなす子は、確かに親としては安心でしょう。でも、その子は小さいときにしかできない子どもの時間を十分に体験していないかもしれません。

逆に、グズで要領の悪い子どもは、そのときは心配かもしれませんが、たっぷりと子どもの時間を体験しているはず。青春時代やおとなになってからの心のバランスには、とても大事なことです。

子どもは時間を止めたり、戻したり、方向を転換したりしながら、大切な体験をしているのです。それを忘れないでくださいね。

6　反省するまで家の中に入れません！

お仕置きとして、家の外へ放り出すのは確かに効きますね。きっと泣いて、すぐに言うことを聞くようになるでしょう。家に入れてもらえないなんて、子どもはとても不安で耐《た》えられない。屈辱的《くつじょくてき》な気持ちになります。あたりは暗くなる。夜は怖い。フシンシャがいたらどうしよう。いまいる所は家じゃない。いつもの居場所にいられない不安は、体験した者でなくてはわかりません。家は子どもにとって巣であり、心のよりどころです。その入り口を閉ざしてしまうのですから、子どもにとってはこの上ない恐怖です。

こういうときのお母さんは、恐怖政治の独裁者みたいなものです。殴《なぐ》る、蹴《け》るはなくても、りっぱな暴力です。

知り合いのお母さんから、こんな話を聞いたことがあります。

あることで小学校2年生の息子を叱《しか》っていて、あまりにも腹が立ったので、家の外に閉《し》め出したことがあるそうです。5分、10分、20分、息子は泣きながら訴《うった》えていました。でも、お母さんは引っ込みがつきません。やがて子どもの泣き声がやんでしばらくして、そっと外をうかがってみると子どもの姿がなくなっていました。

外は真っ暗な夜です。お母さんは青くなって周囲を探し回りました。30分ほどして子どもが見つかったのは、歩いて20分ものところにある駅の近くだったそうです。電車に乗っておばあちゃんの家に行こうとしたらしいのですが、お母さんはほっとするやらぞっとするやらで、いまでもそのときのことを覚えているそうです。その男の子もいまは大学生ですが、やはり覚えているそうです。

閉め出しをやったことがある人ならわかると思いますが、子どもが泣きながら謝っても、あとでいい気持ちはしません。閉め出された子どもはもちろん、閉め出したおとなだって、心が傷ついてしまうのです。

お母さんがいて、あたたかく包み込んでくれる家は、けっして閉ざされることがないという安心感は、子どもの心を育《はぐく》みます。顔を向き合わせてていねいに話しかければ、すぐに効果はなくても人は信頼や自信を失うことはありません。

だからドアには手をかけないで！　怒りに勢いがついてしまうと後に引けなくなってしまいますから。

7　そうやって、いつまでも泣いていなさい！

手にいっぱいの荷物。うしろからグズリっ子の坊や。泣きやまないから、お母さんの気持ちはいつまでたっても晴れません。

注意はしました。機嫌《きげん》も取りました。口調がきつくなっていくのが自分にもわかります。子どもに何度目かのスイッチが入り、お母さんは感情を抑えきれません。そうなると、

「そうやって、いつまでも泣いていなさい！」

突《つ》き放した言葉も出ますよねえ。グズグズ、めそめそはもうやめにしてよ。いくら子どもだって、ママはもう限界だって気づいてほしい！

一方、坊やはこう思っています。もう怒らないで、やさしくしてほしい。泣きたくて泣いているみたいな言い方をしないで、と。

そんな様子を見たあるお父さんが、私に話してくれたことがあります。

「お互いわかっているのに、どうして歩み寄らないのか。母親は怒る以外の方法

に考えが向かない。子どもはエスカレートするだけ。なんだか宇宙人を見ているような気がしましたよ」

クールな意見ですが、わからなくもありません。これが母子の姿のひとつです。男の人にはわからない部分があるのです。

お母さんは、子どもに怒っているのか自分に怒っているのかがわからなくなっています。母と子が一体化してしまっているのです。

私にも女性としてそうした部分があることは否定しません。母子の人格は別だとわかっているのですが、怒りがそれを忘れさせてしまうのです。

できるものなら、気分を変えてあげたい。怒りの時間を終わらせるために、話を聞いてあげてください。

「そうなんだ、痛かったね」

「いやな思いをしたね」

子どもに向けた共感の言葉は、いつしか安心を呼び、それはまた他人にやさしく共感できる強さを養うものです。激励《げきれい》や叱るのはそのあと。共感の温かみに安らいでからでも遅くないのです。

8　置いてっちゃうからね！

子どもって、本当に甘えん坊です。

男の子だから、早く甘えん坊から卒業してくれると思いますか？

むしろ逆です。

ほら、経験ありませんか？　小学校5～6年生になった息子が、「お母さんだっこ！」なんて抱きついてきて、「ええ!?」と思ってしまうこと。

そんなときは、「いいわよ。大好きな○○くん！」と、しっかりと抱きしめましょう。

「バカなこと言ってるんじゃないの」なんて言ってはいけません。

こういうことが多いときは、子どもの中に不安がある証拠です。もしかしたら、小さいときにお母さんに置いていかれたり、迷子になったりした経験があるのではないでしょうか。

子どもを連れてデパートに買い物にいったときなど、とくに男の子ならおとなしくお母さんの買い物に付き合うことなどありません。あっちをウロウロ、こっちをウロウロ。

「もう、置いてっちゃうからね」

つい口をついて出てしまいます。

でも、この言葉は、おとなが想像する以上に子どもを不安にさせるのです。

「お母さんは、私を嫌いにならないだろうか」

「どこかに行ってしまわないだろうか」

どんなに可愛がられている子どもでも、みんなこの不安を抱いています。

だからこそ、やさしくだっこをしてもらうと、「お母さんは私が好きなんだ。どこにも行かないんだ」と大きな安心に包まれるのです。

仮に言葉だけだとしても、「置いていく」は子どもに大きな不安を与えるということを覚えておきたいですね。

そして脅《おど》しの言葉の裏には、小さなホンネもあります。子どもはそれを敏感に感じ取って、「お母さんは私がいらないんだ」という自己《じこ》喪失感《そうしつかん》につながってしまいます。

9　好き嫌いはダメ、早く食べなさい！

考えてもみてください。食べる時間より話す時間や食べ物で遊んでいる時間のほうが長いのですよ。こぼしている量だってけっして少なくない。それなりに好き嫌いも顔に出す。

子どもの栄養を考えた献立《こんだて》で、食育を意識しているお母さんなら、ずっと坊やに付きそって食卓にいるかもしれません。後片付けの次にあれこれとしなくてはならない仕事が、すでに頭の中で順番を待っているのです。食事が始まってそろそろ1時間にもなろうとしています。

「好き嫌いしないで早く食べなさい！」って、言いたくなる気持ち、わかります。でも、知っておいてほしいことがあるのです。

幼児期から小児期の子どもは、食べ物の好みがめまぐるしく変化します。つい1年前まで大好きだったものをまるで食べなくなることがありますし、小学校の中学年くらいになってから好き嫌いが増えてくることもあります。

「前は何でも食べたのに」

いったいなぜ？　と思われた方は少なくないはずです。でも、これは子どもの成長のプロセスでよく起こることです。

この時期に好き嫌いが増えてくるのは、ある意味で味覚がしっかりしてきた証《あかし》です。好みがめまぐるしく変わるのは、未知の味覚を獲得するプロセスで、いわばあたりまえのことなのです。

ただひとつだけ気をつけたいのは、スナック菓子のようなものを与えすぎないこと。ヘタでもいいから、お母さんの手づくりのお菓子を食べさせるように心がけたいですね。おいしければ子どもには大きな驚きの体験になりますし、あまりおいしくないできばえでも、それはそれで大事な体験です。

いまのスナック菓子って、食べてみると本当においしいです。おとなでも、つい、「止まらない、やめられない」状態になってしまうことがよくあります。でも、これはある種の過剰なおいしさで、しかも均一的《きんいってき》です。本当の味覚を育てるには、ちょっと考えものです。

それに食事は早いより、楽しいのが一番ですよね。

10 男の子なのに人形遊びばかりしているなんておかしいんじゃない？

女の子は女らしく、男の子は男らしく。

そう思うことは別に変でも何でもないと思います。むしろ、最近の世の中では「らしく」ということがないがしろにされている気がします。

先生らしく、子どもらしく、スポーツ選手らしく、芸術家らしく……etc.

それはそれで、とても大切なことではないでしょうか。

ただ、そうした「らしく」は自然なかたちであってほしいと思います。

子育てをしているお母さんたちも、この「らしく」が、とても気になるようです。女の子が何よりも木に登ることが好きだったり、男の子がお人形遊びばかりしていると、「だいじょうぶかしら」と思ってしまうのですね。

だいじょうぶですよ！

むしろ、そんなときに、「ちょっと男の子らしく遊んだら」と言ってしまうことのほうがマイナスに働きます。たとえば、性同一性障害《せいどういつせいしょうがい》の子どもが、戸籍上の性を無理やり押し付けられる苦しさと同じようなものかもしれません。

そもそも人間の中には、さまざまな性質が混在しています。

やさしさと暴力性、強さと弱さ、勇気と恐れ、すべてのものが混在していて、子どもの時代にはどちらかの部分が強くあらわれたり、薄らいだりしながら成長していきます。

もし、子どもがお人形遊びを好んでいるようなら、その子の素敵な部分を見つける機会にしてください。もしかしたら、お人形の世話をすることで人へのやさしさを身につけているのかもしれません。あるいは、イメージで想像の世界をつくる能力にすぐれている可能性だってあります。

子どもはからだの成長も相似形で発達しながらおとなになっていくわけではありません。時に手だけが伸びたり、足が伸びたり、頭が大きくなったりと、いびつなかたちで成長していきます。

心もそれと同じです。まず、気長《きなが》に見守ることが大切ですね。

11 ケンカしちゃダメよ、仲よくしなさい。

天気のいい日のお昼前、住宅街の中にある小さな公園を覗《のぞ》いてみると、まだ幼稚園に行っていない子どもたちがたくさん遊んでいる光景を目にします。まわりをお母さんたちが囲んでいるのですが、よく耳にするのが「ケンカしちゃダメよ、仲よく遊びなさい」という言葉です。

ひとりの男の子が、突然、遊んでいた友達を突き飛ばします。そうかと思えば、いきなり砂場の砂を相手の頭にかけてしまったりということもあります。

このくらいの子どもたちって、ときどき突拍子《とっぴょうし》もない行動に走ることがよくあります。

こんなときはもちろん、「そんなことをしちゃダメでしょ。仲よく遊ぶのよ」という言葉をかけていいのです。

でも、子どもたちを取り囲んでいるお母さんたちを見ていると、ちょっと相手を叩《たた》いたといっては、このセリフ。誰かをつねったら、ちょっと押したらと、

「ケンカしちゃダメ、仲よく遊ぶのよ」のオンパレードです。

でも、ちょっと考えてください。

この年頃の子どもにとっては、お母さん方にしてみるとケンカと思えることも、大切な遊びなのです。そのことから、子どもたちはたくさんのことを学んでいきます。仲よく遊ぶばかりが学びではないのです。

叩くと、相手は痛いんだな、泣くんだなという気づきがあり、また一方で叩かれると自分も痛いのだと悟《さと》ります。これが自分の認識と他の存在に対する認識につながっていきます。

この大切な芽を「ケンカはダメ」のひと言で摘《つ》んでしまうのはもったいないですね。

もうひとつは、ケンカを通しての学びが少ないと、大きくなっていく過程でここまですると相手には危険という判断の基準をもてなくなってしまうのです。

とくに男の子は成長とともにどんどん力も強くなっていきます。幼いときにケンカのトレーニングを積んでおくことも大切なことなのです。

12

おチンチン触《さわ》ってばかりいて、いやらしい子ね！

幼児期の男の子を育てているお母さんたちの集まりに出ると、必ず質問されるのが、

「うちの子は、最近、いつもおチンチンを触《さわ》っているんです。おチンチンが病気になるからやめなさいと言っているんですが、大丈夫でしょうか？」

という問題です。

男の子を育てていれば、きっとほとんどの方が経験していることではないでしょうか。ほら、赤ちゃんって何でも触ったり、口に入れたりしますね。子どもの情報センサーは目や耳だけではありません。からだも大事なセンサーです。

中身の見えない箱の中に手を入れて、中にあるトマトやきゅうり、りんごやみかんを触っただけで当てさせるという一種のテストがありますが、最近の子どもは体感の発達が十分ではないという結果が出ています。

親が汚いものや危険なものに触らせないよう気にするあまり、赤ちゃんのとき

から触ったり、口に入れたりという経験が極端に減っているのです。

幼児がおチンチンに触るのも同じことなのです。なにしろ手を伸ばせば、ちょうど触りやすいところに、不思議なものがあるのですから、触ってみようとするのは、ごくあたりまえのことです。

むしろ気にしすぎる結果、いつも注意していると、子どもは触ることそのものが悪いことだと意識してしまいます。

ただ砂遊びをしたあとなどの汚れた手で触るのは、敏感《びんかん》な部分だけに細菌感染の心配もありますから、そこだけは気をつけたほうがよいでしょう。それ以外は、心配無用。主要な情報センサーが目や耳に移行していくにつれて、自然におチンチンを触るくせはなくなっていきます。

もっとも小学生くらいになると、昔の男の子たちは、橋の上に並んでいっせいにオシッコ飛ばしをやっていたものです。大きくなっても、おチンチンで遊ぶという要素は男の子には残っているものです。

13 そんなにママのからだを触らないで、エッチね！

幼稚園に入るちょっと前くらいになると、お風呂に入ったときなど、しきりにお母さんのからだを触りたがる男の子がいます。

時には、しつこいほどで、

「いや、エッチね。そんなに触らないでよ！」

つい、声を荒《あら》らげてしまうことがありますが、これはよくないことです。子どもが触っているのは、なにもエッチな気持ちからではありません。

このくらいの年頃の子どもは、自分と他者という認識が芽生《めば》え、成長していきます。

男性、女性という意識はまだはっきりしないものの、自分にはおチンチンがあるのにお母さんにはない、お母さんにはおっぱいがあるのに自分にはちっぽけな乳首しかない。

なぜだろう、どうしてだろう？　疑問がいっぱい湧《わ》き上がってくるのです。

「○○くんも、赤ちゃんのとき、ママのおっぱいを吸ったでしょう？　女の人は子どもを産んで赤ちゃんを育てるの。それで、大きいおっぱいがあるのよ」

まだ理解できないかもしれませんが、ちゃんと説明してあげましょう。もしかしたら、「おっぱい吸ってもいい？」なんて言うかもしれませんね。

そんなときは、

「いいわよ。これを吸って大きくなったんだもんね、どうぞ」

そう言うと、子どもは意外とテレてしまって実行には移さないものです。

幼児期のお風呂場は、性教育のベースをつくるちょうどよいレッスン場です。

女性と男性は違うのだということを、まず認識するよい機会です。

相手を認め、尊重するには、まず自己と他者を認識することがスタート。

この時点で、「いやらしいわね」という言葉で子どもの関心を抑えてしまうと、その後の健全な性意識を育てる上で障害が出てきてしまいます。

性に対する意識は、思春期になって急に対応しようとしても間に合いません。

幼い頃からのナチュラルな対応が重要なのです。

14
まだ、おねしょなんて ママ恥《は》ずかしいわ。

３歳直前、４月からはいよいよ幼稚園！　そんな頃になると、お母さんたちの心配事はおもらしやおねしょに集中してきます。通園するようになる前に、「ちゃんとできるようにしておかなきゃ！」という思いです。

そんなときに、おねしょをしようものなら、

「いやぁ！　また、おねしょ？」

あるいはトイレが間に合わなくて、おもらししたら、

「それじゃ、幼稚園に行けないわよ」

つい、言ってしまいませんか。

じつをいうと、ほんの2〜3歳の子どもだって、おねしょやおもらしをしたら、自分自身、けっこうショックなのです。そこにお母さんの言葉が追い討ちをかけると、それがストレスになって、かえっておもらしを繰り返しかねません。

失敗したら、

「あら、失敗。でも、大丈夫、こんどはうまくいくわよ」

と、励《はげ》ましましょう。

あるデータによると、おねしょがなくなる平均年齢は7・3歳だそうです。もちろん個人差がありますから、もっと早くなくなる子もいれば、小学校中学年になっても続く子もいます。

病気が原因というのでない限り、ママとしてはどっしり構えていて大丈夫。

専門家によると、おねしょがあるときは、子どもには「安心・安眠・早起き」、親には「怒るな・起こすな・気にするな」が基本だそうです。

「起こすな」というのは、おねしょが心配なあまり、寝ている子どもを途中で起こしてトイレに行かせることです。

これは、おしっこをコントロールする大切なホルモンを抑制するだけでなく、膀胱《ぼうこう》の成長を妨《さまた》げる結果になってしまいます。

まずは、のんびり！　時を待ちましょう。

小学生編
——理想の押し付けが子どものやる気を殺《そ》ぐ

幼児期から思春期への大切な橋渡しとなる時期です。

そして、この時期こそ、とにかく可愛いかった赤ちゃんの頃、また幼い頃の子どものイメージを、お母さんには忘れないでいてほしいと思います。

小学生になると、無条件に受け入れていた赤ちゃんの頃を忘れて、親が自分で描いた「こうあってほしい」という姿を子どもに押し付けることが増えてきませんか？

それを象徴するのが、

「あなたのためを思って言っているのよ」

という言葉です。

「勉強しなさい」

「きちんと後片付けをしなさい」

「親の言うことを聞きなさい」

すべて子どものために言っている。すべては子どもの将来を考えて、ということになるのでしょうが、それは親が思い描いた将来に過ぎません。

この時期の子どもを追いつめる言葉は、多くがここから出発していることが多いのです。

そして、それが子どもの自我や主体性の発達を殺《そ》いでしまうということを忘れないでほしいですね。

理想は…
学校から帰るとすぐにすすんで宿題に集中。遊んだあとは、すぐお風呂。夕食後、今日あったことなど話しながら、早めに布団へ
机もキレイでて物をなくさなくてて……
現実は、学校から帰るなり
ただいまー。行ってきます
どさっ
宿題は!?
そして、夕方までめいっぱい遊んできたのに…
早く お風呂! 宿題!
うん。あとでー
汗だく

あれー？、宿題どこだっけーっ？
もう知りません！勝手にしなさいっ！！
何でマンガ読んでんの！？、
メラメラ
勝手にしろって言ったじゃん
もう、お母さん何も言わないから！
プンプン
宿題終わったの！？
はー
…って、またすぐ言ってしまう私

15 お兄ちゃんでしょ、しっかりしなさい！

いまお母さんになっているみなさんでも、「お姉ちゃんでしょ」と言われてプイっとした経験がおありではないでしょうか。

いま、お子さんも同じ気持ちのはず。楽しみや順番を、先に生まれてきたという理由だけで我慢《がまん》させられるなんて。それとも男だから、しっかりしなくちゃいけないの？

お母さんにしてみれば、下の子にも手がかかるのだから、「少しは物わかりがよくなってよ」という思いがあるのでしょう。

ふだんそれほど大事にしているわけでもないおもちゃを弟や妹に「貸してあげて」と言っても、かたくなに拒否することがあります。どうしてわからないの？と親は思いますが、これはお兄ちゃんの「もう限界だよ」というサインなのです。

兄弟がいる小さな子が、赤ちゃんと同じようにだっこをせがんだり、赤ちゃんと同じものがほしいといって、ダダっ子になることがあります。弟・妹にお母さんを奪《うば》われたような気持ちにおそわれて、愛情を確認しようと行動するのですね。

もう少し大きな子が、かたくなに譲《ゆず》ろうとしないのは、これと同じで、

「ボクにだって弟や妹と同じように甘えさせてよ」

「もう我慢はしたくないよ」

と主張しているのです。

こういうときに「わからない子ね！」とばかりお兄ちゃんを叱《しか》ってしまうと、彼の行動はますますエスカレートしてしまいます。こういうときこそ、腹の立つ気持ちをぐっと抑えて、お兄ちゃんがまだ小さかった頃のことを思い出し、

「ごめんね。いつもお兄ちゃんばっかりに我慢させて」

そんなひと言をかけながら、ぎゅっと抱きしめてあげましょう。これだけで彼のかたくなになった心がゆったりと解《と》けていくのです。

そうですね、時にはお母さんのほうから、彼が甘えやすい雰囲気をつくってあげるようにするといいですね。

兄弟関係は公平だと考えましょう。上が譲ったり我慢できるのは、自主的にそうしたくなったときだけ。いつも不利な立場ばかりだと、年下を思いやる気になれないのです。

16　あなたのためを思って言っているのよ!

おそらく叱ったり、指図《さしず》をするときに、何度かこの言葉を口にしているお母さんは少なくないでしょう。もしかすると、お母さん自身が子どもの頃に言われたこともいっぱいあるのでは?

そのとき、みなさんはどう感じましたか。親の言葉どおりに、「本当に私のことを思って言ってくれている」と感じましたか? たぶん、そうではないと思います。

「お母さんがそうさせたいだけでしょう!」

そんなふうに感じませんでした?

おそらく、いまお母さんに言われている子どもたちも同じだと思います。

それに、よく考えてみてください。「あなたのためを思って」と言っているお母さんだって、本当にそうかしら? と疑問を抱《いだ》きませんか。

たしかに、こういう言葉を口にするときの親は、子どもの将来を考えているのだと思います。あるいは素敵な子どもでいてほしいと念じているのでしょう。

でも、それはいったい誰が描いた将来ですか？　誰が決めた素敵な子どもですか？

中学生や高校生になってからならともかく、小学生くらいまでの子どもなら、おそらくすべてお母さんが描いた将来、お母さんが決めた素敵な子どもですよね。それを一方的に子どもに押し付けているに過《す》ぎません。

「そんなのあたりまえじゃない。小学生が将来をしっかり考えることなんてできっこないわ」

きっと、そう反論する方がいらっしゃると思います。

でも、子どもの将来は、いまを積み重ねてできていくものです。主体的ないまがない子どもは、その将来もやはり主体的なものではないでしょう。私は、カウンセリングで、よくこうしたケースに出会います。

親が描いた将来に忠実にしたがって生きてきた優等生。なのに、おとなになってから、やっと彼らはそこに自分がいないことに気づき悩むのです。

自分のいまがどんなに大切か、切実《せつじつ》に思い知らされるのです。

17 もう、お小遣《こづか》いはありません！

企業での評価制度の運用によって、働く社員の意識のレベルは変わります。賃金を決める際、プラス評価に使うかマイナスに使うか。罰金めいたマイナス評価では、社員の意欲も士気も高まりません。

心理学の原則でいえば、プラス評価、つまりほめることによって、確実な効果が期待できます。それにお金がからめば、なおさらです。

たとえば、近代サーカスには動物たちの愛らしい演技が欠かせません。二十世紀初頭のドイツで、ムチばかりふるうのをやめて、ほめて可愛がる方法に変えたことで、動物の訓練の基礎は確立されました。たとえ話としては適切ではないかもしれません。ただ、動物ですら、罰ばかりでは何も成しとげられないことは覚えておいてほしいのです。

子どもにとってお小遣《こづか》いは、自分が自由に選択できる数少ない機会です。本が好きな子は本を買い、サッカー好きの子はお気に入りの選手のポスターやウェア、野球に明け暮れている子は自分にあったバットにお金を使うでしょう。音楽、ゲーム、プレゼント、文具を、自分で選んで買えるのです。

もちろん、不適切なもの、高価なものが買えないという規制はありますが、そもそも子どもの自由の範囲というものは案外狭《せま》いのです。お小遣いはそんな生活の、とても貴重な自由なのです。社会生活の基礎を学ぶという、本来の教育効果も重要です。

お母さんのその口ぐせは、お子さんの意欲をかき立てるために、料理でいえばスパイスのように使われます。逃げ道をなくして闘争心を燃え立たせる、背水《はいすい》の陣《じん》にもたとえられるでしょう。

子どもを思う気持ちをもうひとひねりして、ここはひとつ、お小遣いをプラス評価に使ってあげてください。

「成績が上がったから、お小遣いを増やしてあげるよ」

「あそこに連れて行ってあげる」

よい方向に向かったときに喜びがあるという生活です。人生を肯定的に感じられる環境をつくりましょう。お金で釣《つ》って何かをさせることではないのです。

18

我《が》慢《まん》しなさい！

親のしつけの中で「我《が》慢《まん》」は、かなり大きな比重を占めています。子どもを育てる上で、「我慢すること」を教えるのは欠かせないと考える親が大多数です。

「いまの子どもは我慢することを知らない。ほしいと思えば、何でも手に入ると思っているんだから困ります」

あるお母さんの言葉です。たしかに、そうかもしれません。

でも、ちょっと気になったのは、そのお母さんが、「自分が子どものときはほしいもの、やりたいことをほとんど許してもらえなかった」、そうポツリとつぶやいたことです。その声の調子には、子どもに対する妬《ねた》みのようなものが感じられたのです。

「我慢」には2通りあります。自分自身をコントロールする我慢と、人に抑えつけられてする我慢です。子どもに必要なのは、自分をコントロールする我慢です。抑えつけられる我慢は抑圧を生むだけで、いいことは何ひとつありません。

少し話はそれますが、友達に「イヤ」と言えず、いつも泣いてばかりの男の子がいました。お母さんは「泣くのを我慢しなさい。それができないなら、イヤと言いなさい！」と押し返していましたが、ある日、「お母さんはあなたが泣いているのが悲しいの。自分の意見がはっきり言えたら、お母さんに教えてね」と伝えました。「待っているね」。何日かして、男の子は喜色満面《きしょくまんめん》、「言えたよ」と声に出して帰ってきました。

母親の理解と、くやしい気持ちへの共感が、彼を後押ししたかたちです。

結果的に我慢のかたちになることも、選択としては必要です。しかし、それはあくまで本人の自主的な選択であってほしいと思います。

「あなたがそうしたい気持ちはよくわかる。でも、我慢したらもっとよくなるのではないかな」と、語りかけてあげましょう。

あれも、これもと、おもちゃをほしがる場合も同じです。

「1カ月だけ我慢できるかな。ちゃんと我慢できたら、来月買ってあげるよ」

100％拒まず、また100％受け入れるのではなく、子どものほしいという気持ちに共感しながら「待って手に入れる喜び」を体験させるというわけです。

こうしたことを何度か体験すれば、自主的な我慢が自然にできるようになります。

19 言いたいことがあるなら ハッキリ言いなさい。

これも多い言葉ですよね。

「なにか言いたいことがあるの？　それならはっきり言ったらどう」と、言葉どおりに聞けば、別に問題はありません。

でも、この言葉が出るときって、どんな感じですか？

「聞いてあげるから話してごらん」、そんな感じですか？　違いますよね。

「なんか文句あるの？　どうせ言えっこないでしょ！」

こんな感じが語調にも表情にも出ていませんか。

そうですね、「言いなさい」と言いながら、そのホンネは「黙《だま》れ！」なのです。

「黙れ」と言われているのも同然だから、子どもは口を閉ざしてしまいます。

すると、さらにお母さんの攻撃は続きます。

「言えないくせに、そんなふてくされているんじゃないの！」

でも、その子はなぜ、ずっと黙っているのでしょうか。それは、他に選択できる行動がないからです。この場面で、お母さんは絶対的な強者です。正義・正論は彼女のほうにあります。「言いなさい」と言いながら、子どもを圧しています。

これでは教育にもしつけにもならない、強い者の脅しです。このままこう着状態を続けて、その状況までも子どものせいにしてしまうのでしょうか。窮鼠猫《きゅうそねこ》を嚙《か》む、ではありませんが、追いつめて「逆ギレ」されることだってあるかもしれません。

正直な子は、先生や親に叱られると懸命に弁明しようとしますが、かえってこっぴどく叱られたり、お説教が長引いたりすることに気づきます。

そのうちに一緒に叱られている兄弟や友人の様子に気がつきます。彼らは怒られても「ハイ」と言ったきり沈黙して、怒りが通り過ぎるのを待っているのです。自分のしてきたことは不利な行動だったようです。

子どももバカではありません。自分を縛《しば》るような言質《げんち》を取られることは避けたいし、ウソを言って逃れたくもない。言いたいことをハッキリ言うのは損だとわかれば、沈黙をもって答えます。

そう、この沈黙は答えなのです。言葉と雰囲気で完全に圧倒しているお母さんへの、言葉にならない答えです。

20　あんたなんか産むんじゃなかった。

ラジオの深夜放送で、コメディアンが面白おかしく子ども時代のエピソードを話しています。問題児だった自分がひき起こしたトラブルの数々、おとなのいまでも悪ガキの雰囲気を残す彼の話は面白く、スタジオでも爆笑がわいています。

「でもよ、おフクロに説教くらったあとで言われたんだ。おまえは中絶するはずだった、いろいろあって、中絶も面倒だって産んだけど、やっぱり堕《お》ろしておくんだったよって。つらかったね。痛かったよ。それは言っちゃいけないよって、子どもながらそのとき思ったね」

大笑いで次の話題に移るかと思いきや、思わぬ彼の独白でスタジオもしんみり。幼少時を描いた自伝小説は好評でドラマにもなりましたが、深夜放送で偶然漏《も》れた彼の肉声は、小説からは見えなかった、ギャグにしきれなかったほどの痛みを伴っていました。

これほどストレートな言葉ではないにしても、さんざん苦労をさせられたあと

など、

「子どもなんか産むんじゃなかったわ」

「あなたを産んだお母さんが悪かったわ」

ついポロリとこぼしていませんか？

もちろん面と向かって言うお母さんはいないでしょうが、誰かにグチったその言葉を子どもが聞いてしまったらどうでしょう。大きな心の傷を残すことは疑いありません。

そんな言葉を口にしてしまいそうなときがあったら、まずそれはしっかり胸の奥にしまって口を閉じてください。それから、子どもがまだおっぱいを飲んでいた頃のことを想像してみてください。

無心に安らかな表情でおっぱいをむさぼる彼。

きゃっきゃと声に出した笑い声。

お母さんの顔を見つめてにっこりした笑顔。

どうですか、あなただっていっぱい歓《よろこ》びをもらってきたはずですよね。もしかしたら、やっとよちよち歩き始めた頃のシーンを思い出すかもしれません。

そんなうれしい思い出で、しばらくあなた自身の心を癒《いや》してあげましょう。

21 お母さんはもう知らないから、勝手にしなさい！

言っても、言っても、言うことを聞かない。口ごたえはする、ふてくされる。とうとうお母さんも我慢できません。「もう知らない、勝手にしなさい！」これ以上面倒は見きれません。世話も焼きませんという宣言です。

でも、これも「言いたいことがあるなら、はっきり言いなさい」という言葉と同じで、子どもとしては額面《がくめん》どおりには受け取れませんよね。

だって、「勝手にしなさい」と言っていても、本当に勝手にすると、お母さんはもっと怒ってしまいますから。

「ちょっと、あんた！　いつまで調子に乗っているの！」

ということになってしまいます。小学生にもなれば、息子は心の中で「へへ、お母さんの負けだね」くらいのことは思っているかもしれません。コミュニケーションの刺激にはなりますが、心に響いているでしょうか。

この言葉が出るまでには、プロセスがあるはずです。「片付けなさい」と言っても動こうとしない。「さっきから、何度同じことを言わせるの！」導火線に火がついています。じつはこのあたりで一度対処しておかなくてはいけないのです。

子どもにとっては自分の問題です。しかし、何度もやりとりが続くうちに、これをお母さんと自分との間にある問題として、処理しようとし始めます。お母さんさえやり過ごせば、この問題は解決するのです。

本当にお母さんが関知《かんち》せず、無視するようになったとしたら、子どもは情けないですよね。確かに自分のことだから、自分でやらなくてはなりません。

でも、お母さんにそれとなく見ていてもらえれば、それだけで勇気が出るのです。見守ってもらえるだけで元気が出てがんばれるのです。

そうですね。「知らない。勝手にしなさい」という言葉ではなく、怒りの導火線に火がつく前に、黙って見守るという「間」をつくればいいのです。

この間は、子どもに「ヤバい！」と感じさせますし、見守ってくれているのだから「やろう」という気持ちにもさせます。つまり、子どもが自分の問題だと感じれば、「勝手にしなさい」と言わなくても、行動を始めるのではないでしょうか。

22 子どものくせに親に向かって口ごたえするんじゃありません！

「どうして自分の机くらいきれいにできないの！」

「お母さんだって台所を片付けてないじゃないか」

「子どものくせに口ごたえするんじゃないの！」

と、こんな会話を経験したことはありませんか。

　小学校も4〜5年生になってくると、ほとんどの子どもがちょっとした〝口ごたえモンスター〟になってきます。まさに、ああ言えばこう言うで、時には、よくもこんなに言葉が返ってくるものだと感心するやらあきれるやらということがあります。

　親とすれば、いいかげん腹が立ちます。

　でもね、子どもの口ごたえも楽しんでしまいましょう。よーく聞いてみてください。本人は、さももっともらしく言っているつもりでも、論旨《ろんし》ははちゃめちゃ。つい、笑ってしまうこともあります。

これも子どもの成長のワンステップです。

それに子どもは意外に親をよく見ているもの。

小学校も高学年になってくると、「お母さんだって」というフレーズをよく使います。親を批判的に見ているのですが、冷静に聞いていると「なるほど」と納得することだってあります。

頭から「口ごたえするんじゃありません」と決めつけるのでなく、ともかく聞いてみましょう。めちゃめちゃの口ごたえかもしれませんが、ちゃんと聞いてくれるんだ、ということがわかれば、やたらな口ごたえが減ってきます。

それに「口ごたえするんじゃない」といつも決めつけられている子どもは、だんだん親の言うことはもちろん、人の言うことを聞かなくなってしまうのです。人の言うことに耳を傾けない人は、人の気持ちもわからなくなってきます。

ね、だから、子どもの口ごたえはちゃんと聞いてあげましょう。親子の本当の会話、親たちと子どもたちの本音の会話を広げたいですね。

23　宿題が終わるまでテレビゲームはダメ！

この言葉、別に間違っていませんよね。そして、本当にたくさんのお母さんが使っていると思います。

でも、そんな言葉をかけたときのお母さん自身が、テレビを見ていたりしないでしょうか。万が一にもテレビを見ながら注意をするのでは、何の効果もありません。口ごたえされてしまうのがオチです。

ですが、口ごたえしてくれればまだいいのです。口ごたえもせずに、心ひそかにお母さんを軽蔑《けいべつ》するようになってしまうほうが怖いのです。

「自分はテレビを見てばっかりいるくせに、身勝手《みがって》なこと言うよな。いつもだらだら見ているのはお母さんじゃないか」

そんな気持ちがふくらんでくると、もう子どもは親の言うことなんか聞きません。

テレビを見ながらではなく、家事をこなしながら、または読書などの趣味に心をおきながら言葉をかけてみましょう。

「さぁ、お母さんは夕飯の準備をするわよ。あなたも宿題を片付けちゃったら？　どっちが早いかな」

小学生くらいなら、これだけで「よ〜し！」と宿題に取りかかってくれるはずです。

高学年から中学生くらいになったら、

「さぁ、お母さんは今日の宿題をやろうかな」

「宿題って何？」

「夕食の準備よ」

これでどうでしょう。自分の仕事をきちんとしているところを見せれば、子どもは自然と親の言うことを聞いてくれるものです。

子どもは親の行動そのままを真似《まね》します。親の背中を見て育つ、とはよく言ったものです。

テレビから離れられない親の姿を見ていれば、やっぱりテレビやゲームから離れられない人に育ちがちです。

24 虫なんか家の中に持ってきて、気持ちが悪いわね。

虫カゴと網《あみ》を持って、虫捕りをするのが男の子。洋服を泥だらけにしても平気で、カブトムシやアリジゴクに夢中になっているもの。それに対して、色とりどりのお花に目を輝かせてうっとりするのが女の子。

私たちおとなが考える男の子と女の子のイメージって、そういう感じですね。

これはイメージだけではなく、実際に虫カゴと網を持って林の中に入っていくのは男の子が多いですし、虫を飼ったりするのも男の子の家に多くみられます。

虫を捕まえたり育てたりする中で、生き物には命があること、そして命には限りがあること、そんな自然の偉大さを学んでいくのです。自然は偉大な教科書なのです。

でも、男の子にも虫が苦手な子もいます。「うちの子はカブトムシにも触れないんですよ」なんて心配しているお母さんもいることでしょう。

そう思っているお母さんはよく思い出してください。まだ子どもが物心つく前、興味津々《きょうみしんしん》に虫に触ろうとしているのを見て、「やめなさい、気持ちが悪い」「お母さん虫が苦手なのよ」などと言った覚えはありませんか。虫が苦手という男の子の多くは、お母さんが大の虫嫌いだったりするケースが目立ちます。

せっかく自然に触れていろいろと学ぶチャンスなのですから、まだ出始めの芽を摘《つ》み取るように、「虫なんか家に持って来ないで」なんて言わないで、ちょっと我慢してみてください。

子どもにとっては、すごくうれしくて自信に満ちて帰ってきたのに、いきなりお母さんからそんなことを言われたら、一生懸命に取ってきたのに、と、心の行き場を失ってしまいます。やさしく、受け入れてあげてください。きっと、どんな教科書よりもたくさんのことを学習すると思います。

もちろん、お母さんの影響だけではなく、子ども自身が虫の形や色がいやだったり、触感がダメだったりということもあるでしょうし、虫よりお花が好きという男の子もいるでしょう。

そんなときは、「男の子なのだから花なんて眺めてないで、虫でも捕まえてきなさい」なんて言わないで、お花が好きな心をそのまま伸《の》ばしてあげてください。大事なことは虫でも花でもよいから、身近な自然に触れるということなのです。

25 もういいわ、お母さんがやってあげるから。

春になると、あちこちの公園の木や家屋のかわらのすき間などに、スズメがヒナにせっせと餌《えさ》を運んでいる光景を見ます。一日に300回くらい虫を捕まえては運ぶそうですから、親スズメも大変です。

でも、そんな期間はほんの2週間ほど。あっという間にヒナは巣立ちのときを迎えます。巣からそのまま地面に落ちてしまう子スズメもいます。いきなり上手に隣の木の枝に飛び移る子もいます。上手には飛べなかったけど、地面をぴょこぴょこ歩きながら、もう虫を漁《あさ》っている子もいます。

親鳥は木の上から危険がないか見張りをしていますが、けっして手助けをしたりはしません。親鳥は、子どもたちがすぐにちゃんと飛べるようになり、餌を捕ることもできるようになると信じているからです。

どうですか、ちょっと耳が痛いお母さんがいそうですね。

小学校に行く頃になると、もう巣立ちを過ぎて、いろいろなことがひとりでりっぱにできる時期です。「小学生なんだから、自分でやりなさい」ということが増えてきます。

たとえば靴や上履き洗いも、そのひとつ。でも、「はい、できたよ」と持ってきた靴を見たら、汚れがきちんと落ちていません。

「なに、その洗い方。しょうがないわね。お母さんがやってあげるから貸しなさい」

そんなふうに言っていませんか？

私は子どもが小学生になったとき、靴洗いを子どもにまかせてから一度も手伝ったことがありません。もちろん汚いときや生乾《なまがわ》きということもありましたが、いやだと思えば自分できちんとやるようになっていきます。

「自分でやりなさい」と一度言ったら、上手にできなくてもまかせてしまいましょう。靴が汚いからって病気になることはありませんもの。

こうした日常のことに関しては、どうしても男の子が甘えん坊になりがちですが、たとえ男の子であってもあまり巣立ちを遅らせると、マザコンの土台をつくる結果にもなりかねませんよ。

26 子どもが口を出すことじゃないの！

子どもって、案外、親やおとなの話を聞いているものです。

あとになって、

「ママ、お向かいのおじさんって、人の悪口を言いふらしているの？」

「パパって、もしかして浮気している？」

なんて、突然、ドキッとすることを言い出します。

親に言うだけなら、まだしも、聞いた話を外で話してしまうことだってありま す。子どもの聞いていそうな場所では、うっかりしたことは言えませんね。

そして、小学生になると、おとなの話に口をはさもうとすることが増えてきま す。

たとえばお父さんとお母さんがマイホームを買おうと計画していて、ローンが 組めるかどうか相談していると、

「ね、ね、パパって、あんまりお金稼いでないの？」

「なに、なに？　銀行でお金借りるの？」

……とか。つい、「いいから、あなたは向こうに行ってなさい。子どもが口を出すことじゃないの！」と、きつい言葉が出てしまいます。

でも、子どもって、おとなの世界に興味津々なのです。

もちろん、おとなの会話には、子どもに話すべきではない事柄《ことがら》がたくさんあります。すべてを話す必要はありませんが、話してもいいかなと思えることなら、なるべく話してあげましょう。

たとえばローンの話だったら、

「そうよ、銀行でお金を借りておうちを建てようかって相談しているの。ちゃんと決まったら、あなたにも話すわね。いまは、おとなだけで話をさせてね」

そんなふうに話せば、子どもも納得してくれます。

ついでに、

「まだ決まった話じゃないから、お友達には話さないでね」

と言っておけば、まわりに言いふらされる心配もないですよ。

「おとな」と「子ども」の壁って、できるだけ少なくしたほうが、親子のコミュニケーションの風通しがよくなりますから。

27 もう、あんな子と遊ぶんじゃないわよ。

幼稚園・保育園時代はもちろんですが、小学生にとっても遊びは大切な学びの場です。遊びを通して人と人とのコミュニケーションの基本を育てていきます。たとえば自分がブランコが大好きでも、木登りが好きという子もいますし、何よりゲームという子もいます。自分が好きなものがみんなも好きだとは限らないということも知りますし、それをきっかけに遊びを譲《ゆず》り合うことも覚えます。なかには、とても気が合う友達がいますし、どこかなじめないという友達もいることでしょう。

そうした経験を通して、だんだんに友達を選ぶようになりますし、大切にするようにもなります。このプロセスは心の発達にとって、とても大切です。

小学校の低学年の頃は、子どもの友達関係に口をはさむお母さんが少なくありません。

たとえば子ども自身に別に問題はないのに、その子の母親がなにかと良くない

風評のある場合など、

「○○くんとは遊ぶんじゃないわよ」

というお母さんがいます。そのうえ、「遊ぶなら××くんにしたら」などと指名までするケースもあります。

親としては子どものためを思って口にしていることなのですが、これはまったく子どものためにはなりません。それどころか、コミュニケーションの基礎になる大切なものを奪《うば》っているのと同じです。

子どもは、たとえ相手に悪いところや、いやだなと思う部分があったとしても、それなりに良い部分を認めて付き合っています。そこのところを、ちゃんと信頼してあげてほしいですね。

そうだからといって、すべてを放っておけばいいということではありません。子どもがどんな子と遊んでいるのか、どんなふうに遊んでいるのか、ちょっと距離を置いてよく見つめておくことは大切です。良くも悪くも、そこからいじめという問題が芽を出してくることもありますから。

28 もう少しまわりを見なさい、KY（空気よめない）って言われるわよ！

男の子と女の子の両方をお持ちのお母さんなら、気づかれたかもしれませんが、男の子ってまわりのことをあまり気にしませんね。

小学校以前の幼いときでも、女の子はまわりを見て遊びに参加しますが、男の子は興味があれば一直線。まわりなんか意識しません。

ベテランのある学校の先生によると、叱り方やほめ方も、男の子と女の子では工夫が必要なのだそうです。

たとえば一生懸命にお掃除をしている子をほめるとき、男の子なら、「おお、がんばっているね」とストレートにほめても大丈夫。でも、女の子の場合、まわりの子がしっかり状況を見ていて、「今日、たまたまお掃除やっているだけなのに、先生ったらA子ばっかりひいきするんだから」ということになりやすいようです。

このことは他の場面でもあらわれます。

そうですね、たとえば先生の見ている前でも、気にしないで悪さをする。これも女の子には、めったにありません。親の前でも平気で友達をからかうということもあります。

傍《はた》から見ていると、なんだか可愛げのない「確信犯」（？）のような気がします。

つい、「もう少しまわりを見なさい」という言葉になってしまうのですが、本人には、そんな意識はまるでないのです。

先生や親の見ている前で悪さをするのは、これみよがしというよりは、先生や親が見ているという意識が薄い結果なのです。

男の子のこうした要素は、いまはやりの言葉でいえば、ＫＹ（空気よめない）になってしまうことにもつながります。

でも、あまり気にしないで大丈夫ですよ。これはストレートな男の子特有の資質。ある意味では、陰日なた、裏表のない子ということもできるのですから。

頭から叱るのではなく、そのようなよい方向に伸ばしていくように静かに見守ってあげたいものですね。

29
どうせできっこないわ、あなたっていつもそうなんだから。

小学生くらいの女の子なら、お料理の手伝いを買って出ることも多くなりますね。

でも、いつも中途半端。手伝いどころか足手まといになってしまって、あげくの果てに、「もういや、やめた」なんて言い出すこともあります。

そんなことを何度か経験していると、次に同じことを言われても、

「どうせ、できっこないからいいわ」

と答えてしまいがちです。

女の子に限りませんね。男の子だって、最近は料理に関心を持っている子が少なくありませんから、同じシーンを経験している方がいらっしゃることでしょう。

でもまぁ、男の子なら、ちょっと違ったシーンが多いかもしれません。

「これから毎日2時間勉強するからさ。お願い、ゲーム機買って」

というのも、そのひとつでしょうか。

「なにバカなことを言っているのよ。どうせできっこないわ」

そう答えてしまうお母さんの気持ち、十分わかります。でも、そこをちょっと抑えて考えてください。

たしかに勝手なことかもしれませんが、子どもが何かを言い出したときって、意外にまじめなのです。「勉強するからゲーム機買って」というのも、きっと言い出したときは本人もその気なのです。

ただ、そのときの気持ちや意欲が持続しないのです。ゲーム機を買ったら、当然ゲームをやりたくなって、いまより勉強の時間がなくなるということも考えないのです。

おとなから見れば、即却下なのですが、言い出したそのときにはまじめさと意欲の芽が出ています。かすかな小さい芽ですが、大事に水をやり、太陽と栄養を与えれば、りっぱな葉や花に育たないとは限りません。

「そう、あなたならできるでしょうね。じゃ、約束しない？　2時間勉強するという約束を1週間守れたら、考えてあげる」

そんな提案で水やりをしてみたらどうですか？

中学生編

――言葉が心を傷つける凶器になることも

中学生の頃というのは、幼い頃から育まれてきたものが結果として表面化し、目についてくる時期です。当然ですが、よい結果もあれば、悪い結果もあります。

登校拒否やひきこもり、摂食障害などの心のトラブルも起きてきます。

こうした問題は、決してこの時期に突然起きるわけではありません。幼児期から小学生の時期にかけての伏線がちゃんとあって、その引き金が引かれるのがこの時期ということです。それもいわゆる優等生、「いい子」に心のトラブルが起きるケースが少なくありません。

つまり、こういうことです。優等生、いい子というのは、それまでの時期、親が言うことを100%受け入れてきた子たちです。そして中学から高校にかけての時期、自我が育ってくると、

「自分とはいったい何か」

と疑い始めるのです。あるいは「自分」がないと気づき始めるのです。

その2つのせめぎ合いが、心のトラブルを生み出すのです。親の言葉に対して過剰に反応するのも、この時期の特徴でしょう。

これまで以上に、言葉について慎重でありたいですね。

学校どう？、楽しい？
うん、まあ
いやなことでもあった？、
べつに…
しーん…
バタン
ひゅ〜…
小さい頃は…
ママー
あのね、あのね…よーちえんでねゆうくんとねこーんなでっかいおやまつくって…
ママー

人と人の会話というものは、いくつになっても大切でね、目と目を見て……
熱弁!!
イキナリ入ってくんなよ!びっくりしたー
あ、オレそろそろ携帯ほしいんだけど。
!
ねえ!人の話ちゃんと聞いてる!?
キーッ!

30
色気《いろけ》づいちゃって、いやらしいわ。不潔《ふけつ》ね！

たしかに中学生にもなると、もう男の子などという可愛い表現は似合わなくなってきます。そう、一歩ずつ大人の男性に近づいていくのです。

「不潔《ふけつ》ね！」という表現には、文字どおり汚れていても平気で汚らしいという意味もあります。が、もうひとつ、いかがわしい写真を隠れて見るようになる、そんな行動が女性として理解できないことから、つい不潔と言ってしまうお母さんが多いのです。

でも、ちょっと待ってください、それはけっして不潔なことではないのです。これも大人の男性になるための階段なのです。

ところで女性には初潮《しょちょう》という大人の女性になるための「時」がありますが、男性には精通《せいつう》という「時」があります。

つまりはじめて射精《しゃせい》を経験することで、生理学的にはおとなへの第一歩です。女性の初潮は学校でも家庭でも教え、そのときがくるとお赤飯《せきはん》を炊《た》いて祝う習《なら》わしさえあります。でも男性の場合は、どうでしょう。精通を母親や父親に報告する男の子はほとんどいません。

それどころか隠れてこっそり下着を洗ったりすることが多いのです。

それだけに、とくに母親は気配りが必要です。

「なにこそこそとパンツなんか洗ってるの」

なんて言葉はＮＧですよ。

そのうえ追い討ちをかけるように、「いやらしいわね」とか「不潔ね」といった言葉を投げかけると、子どもは性をいけないもの、いやらしいものと受け止めてしまいます。その結果、性意識がゆがんで暴走するというケースだってあるのですから。

ちなみに精通は、早い子で10歳、遅いケースでは18歳、平均では12〜13歳であるというデータがあります。ちょうど中学生になる頃が一番多いわけです。

なにより性を明るくとらえる親の姿勢が必要ですね。

31 あなた、あんないやらしい本を読んでるの。やめなさい！

息子の部屋を掃除していて、ベッドの下や枕の下から刺激的な女性の写真集を発見してしまう。よく聞く話ですよね。前の項で、「不潔」という言葉について書きましたが、これも同じこと。成長のプロセスだと思って受け入れましょう。

ついこの前まで、まるで天使みたいと感じていた息子が中学生になって、急に〝男性〟の側面を見せてくると、ついうろたえてしまうのはわかります。特別な存在だったものが、急に普通の〝男〟になってしまって、さびしい気持ちになるのかもしれません。

でも、こういうときは、そっと本を元の場所に戻しておきましょう。あとは見ぬ振り、聞かぬ振りです。

男の子がいやらしい本やビデオに一定の興味を持つことはごくごく当然のことで、健全なことです。それを汚いことのように処理したり、叱責《しっせき》したりするのは、逆に子どもの健全な性意識をゆがめてしまいます。

その結果、性への好奇心がどんどん沈澱《ちんでん》し、異常な方向に捻《ね》じ曲がっていくことがあります。性犯罪や性意識が根源にある犯罪の加害者になった若者がとても厳しい家庭で育ったということは、よくあるケースです。

中学生くらいの年頃になると、異性に興味を持ち、ちょっとエッチな本や写真を見たとしても、親はただ見守ってほしいですね。

黙って見守っているためには、この年齢になる以前に〝性〟について、どのくらい子どもと話し合っていたかという点が大切な要素になります。だからこそ、早い時期から性について偏見《へんけん》を持たないような環境づくりをしておきたいですね。

それと、もうひとつ。男の子にはお母さんには触れられたくない部分があるものです。中学生くらいになると、こういう部分が増えてきます。お母さんは、まずこのことをきちんと認めてください。

たとえば、おチンチンに毛が生えてきたことなど、とてもお母さんには話せないでしょう。夢精《むせい》などということも出てきます。

こういうときこそお父さんの出番！　男のことは男であるお父さんが一番よく理解できるのですから、ここはお父さんに任せてしまいましょう。

32

いつからそんな不良になったの？お母さんがっかりだわ。

自分の子どもはふつうに育つもの。世の中のお母さんたちはみんなそう考えています。というよりあたりまえのように信じているのです。

ですから、ちょっと自分の常識から外れてしまうと、ついつい「とうとう不良になっちゃったのね」などと嘆《なげ》くことになるのです。

でも、ちょっと待ってください。ふつうってどういうことでしょうか？　何が不良なのでしょうか。

実際に不良といわれていた子に話を聞くと、自分では不良という意識はなく、少し反抗的になっていたり、ちょっと他の子と違うところがあったりしたけど、自分の気持ちを素直に主張していただけだったりするのです。

そもそも不良というのは、おとなたちの目線で判断されるものなのです。勉強をしないで遊んでばっかりいる、夜に友人と遊びに行く、派手な服装をする、髪を染める……etc. そんなおとなの価値観に当てはまらない行動をとると、それはすなわち不良、ということになってしまうのです。

不良といわれる子どもたちの中で、実際に現実的な意味で悪いことをしている子はけっして多くありません。

ここで考えてもらいたいのは、社会に対する反抗ということです。

小学生時代の反抗は、ほとんど親に対するものですが、中学生になるとむしろ社会に対する反抗の割合が高まります。反抗の対象は学校のルールであったり、おとなの行動や姿勢です。おとなの中には先生や親も含まれます。

そして、よく見れば、反抗には必ず理由があります。大昔、「理由なき反抗」というジェームズ・ディーン主演の映画がありましたが、それは見えにくいだけで理由はちゃんとあるのです。

子どもには言いたいことがあり、それを聞いてもらえないから反抗しているのです。

そこで頭ごなしに嘆《なげ》いたり、叱《しか》ったりしたら、どうなるでしょう。もっと過激な反抗に子どもを追いやってしまいます。

親も一度常識を捨て、素《す》で子どもと向き合うことが大切です。

33 本当に親に苦労ばかりかける子ね、あなたって！

「苦労」——子育てをしているお母さんたちから、よく聞く言葉です。私がセラピーをすることになった子どものお母さんたちも、例外ではありません。「どうして私が子どものことでこんなに悩まなくてはいけないのか？　本当にこの子には苦労させられます」そう嘆くお母さんがいます。

私も３人の子どもの親ですから、それなりの苦労はしています。もちろん波静かなときばかりではありませんでしたが、私の感覚では、苦労したとはぜんぜん思っていないのです。なぜだと思いますか？

その前に、ちょっとお聞きします。苦労していると感じているお母さん。あなたの苦労の中身は何ですか？　学校の成績が上がらなくて、このままではまともな高校に進学できないという悩みですか？　それとも不登校が続いている？　問題行動が多くて、学校をやめさせられようとしている？

私は、障害を持ったお子さんを育てている、あるお母さんとお話をしたことがあります。中学3年生になるその子は、車椅子で通学し、食事もサポートなしではできません。お母さんは、24時間ほとんど付きっきりの毎日です。きっと大変な苦労だと思います。

それなのに、そのお母さんの明るいこと！　車椅子を押しながら、活発にどこへでも出て歩き、その日出会ったことを思いっきり楽しんでいるようでした。

また、何かの瞬間に浮かべる、そのお子さんの笑顔の素晴らしいこと。命の輝きそのもののような笑顔でした。

彼女なら、最初の苦労の例に挙げたお母さんたちに、きっとこう言うのではないでしょうか。

「私たちは、それぞれ一番ふさわしい素敵な子育てを任されているのでしょうね」

そうですよね。子どもたちも、そして私たちもたった一度だけの命をいただいてこの世で生きています。どんな子どもたちにもその輝きが見えるのです。その輝きを見つめていると、自分も輝いてきますね。

自分自身の輝きを知ったお母さんは、たとえ子どもにいろいろなことがあっても、それを苦労とは感じないのですね。

34 あなたって何をやってもダメなのね。

テストで良い点を取れなかった息子が、そのうえ何か悪さを仕出《しで》かした、そんなとき、この言葉を口にしていませんか？　それも深いため息交じりで。

そんなことがあったときの子どもって、自分でも「まずいなぁ」と反省し、落ち込んでもいるのです。

「いいえ、うちの子に限ってはどこ吹く風。ぜんぜん気になんかしていません」

そういうお母さんがきっといるでしょうね。でも、それは子どもの照れ隠しであることが多いのです。落ち込んでいることを気づかれたくないのです。

もちろん、なかにはあまり気にしない子がいるかもしれません。でも、「ぜんぜん」ではないのです。

落ち込んでいるところに、お母さんの追い討ちがかかったら、子どもはどう反応するでしょうか？　大変な勢いで反発してくるかもしれませんね。反発する子は、まだいいのです。お母さんの言葉に打ち勝とうとするエネルギーが残っているからです。

ぜんぜん反発もしなかったら、これは赤信号です。「僕は何をやってもダメな人間なんだ」と自分で受け入れてしまっているかもしれません。

そんな子が何かに向かって努力したり、チャレンジしたりするでしょうか？　お母さんの言葉は、ここまで子どもを追いつめてしまうのです。

自信をもつことがいかに大切で素晴らしいことか、子ども時代を経験し、さらに社会を生き抜いてきたお母さんは、よくわかっていますよね。「あなたは何をやってもダメな子ね」は、そんな大切な自信を取り戻そうと必死になっている子どもの、芽生《めば》えかけた小さな自信さえも打ち砕《くだ》いてしまう言葉なのです。

そうしないためには、お母さん自身が子どもや家族という身のまわりの世界から一度目を離して、外の世界に楽しいことを見つけたほうがいいかもしれません。

そうすれば、子どもの失敗にも寛容《かんよう》になって、許す気持ちが芽生えてくるのではないでしょうか。

「今回はダメだったけど、次にがんばればいいじゃない」

「何でそんなことをしたんだろうね、一緒に考えて直していこうね」

そんな言葉が自然に出てきますよ。

35 あなただけがお母さんの生きがいなのよ。

親が子どもを生きがいと感じることは、ある意味であたりまえのことです。でも、それを口にするとしないでは、大きな違いがあります。心に抱いている限りでは、それが慈《いつく》しみや愛になって子どもに降《ふ》り注《そそ》ぎます。ところが、口にしたとたん、それは子どもを縛《しば》る紐《ひも》となり、呪文《じゅもん》になってしまうからです。ましてや、「あなただけが生きがい」となると、さらに強い呪縛《じゅばく》の言葉になります。

子どもは自分の存在が、親に愛と喜びを感じさせられることができたらと思い、できる限りのことをしようと願い生きている存在です。

成長するにしたがって、「親のため」から「自分のため」へだんだんに変わっていくのですが、強い呪縛があると自分のためにがんばりたいという心を押し殺して、お母さんのためにがんばって良い子にならなきゃ、いつもそんなふうに意識する子どもになります。

とくに男の子は母親の影響を受けやすいものです。心理学でエディプスコンプレックスというように、父親は乗り越えようとしますが、母親とは同化しようとする傾向があります。

そして、お母さんのためにがんばってきた子は、おとなになったある日、「僕って、いったい何なんだ？」と強い不安にかられます。この自己喪失感が心のトラブルにつながるケースは、私自身セラピストとしてたくさん見てきています。

「あなただけが生きがいだよ」と言ってしまったときに、高校生くらいの子どもなら「生きがいは他で探してよ」などと言うかもしれませんね。そのとおりです。

お母さんは、つい子どもや家庭だけに目がいってしまいがちで、そうなると「子どもが生きがい」となってしまうのです。お母さん自身の気持ちの行き所が狭くなってしまっているのです。

ですから、外の世界に目を向けて、子どもに向ける目線の何割かでもよいので、そらしてあげてください。

そうすることで、子どもが感じる心の負担はかなり違ってきますし、お母さん自身が自分らしく素直に生きていけるようにもなりますよ。

36 また言い訳？ あなたっていつもそうね！

「今週だけで何回遅刻したと思っているの！」

「まぁ、オレだけじゃないし。姉貴なんか4回、クラスにはオール遅刻もいるし」

「人はどうでもいいの。もう少しちゃんとできないの！」

「ちゃんとはしてるつもりなんだけどぉ。ちゃんとってのはさ、何を基準に言ってるワケ？　親がちゃんとって言っても、それは押し付けだろ？」

——言い訳というか、屁理屈《へりくつ》というか。まぁ、とにかく1つ言えば3つ、2つ言えば5つくらい返ってきます。

小学校低学年くらいでは、一度落ち着いていたはずの反抗や屁理屈が、高学年から中学生のこの時期、また戻ってきます。小学生のときの、「ああ言えばこう言う」とは少しかたちが違って、とても理屈っぽくなってきますし、とくに男の子は態度がとげとげしく、いわゆる突っ張るようなかたちでも出てきます。

一般に第二反抗期と呼ばれていますが、高校生くらいまで続くこの時期の特徴は、社会や権威《けんい》に対する反発としてあらわれます。ですから親の権威を振りかざしたりするのは、火に油を注ぐようなものです。

この時期の男の子は、急激な身体的成長をとげます。

とりわけ性的な成熟が進むことで、それまでの児童期からの連続性がとぎれ、壊されていく部分が少なからずあります。それが心理的な不安につながり、妙《みょう》にイライラすることも増えてきます。

大切な精神発達の過程ですから、親としては「おとなになろうとしているのだな」と喜んでいいのです。

もちろん、理不尽な言動に対しては明確な言葉を返していいのですが、「言い訳」「屁理屈」に感じても、ともかく言おうとしていることを聞いてみましょう。

「また言い訳！」

この言葉だけは、この際、胸にしまっておきましょう。

37
何を夢みたいなこと言ってるの、あんたにできるわけないでしょ！

次のようなシーンをちょっと想像してみてください。

ある日、少年が親に向かって、恐る恐る自分の夢を話しました。

「僕、鉄道で日本を一周してみたいんだ。大学生までかかってもいいと思っているんだけど」

でも両親は返事らしい返事もしてくれません。少し間を置いてやっとお母さんから出てきた言葉は、

「そんなことやって何になるの。旅行なら毎年家族で行っているでしょ。それに、何をやっても中途半端なんだから、そんなの無理に決まってるじゃない」

それを聞いてシュンとなっている少年に、追い討ちをかけるようにお父さんも言います。

「ま、そんなことを考えるよりも、いまはしっかり勉強することが大切だな」

さて、みなさんなら、どんなふうに答えますか？

子どもって、時々とんでもないことを言い出します。たとえば「いまの学校をやめて外国に行く」とか「オーケストラの指揮者になりたい」とか。

それまでに、なんとなく気配が見えていれば別ですが、まったく唐突《とうとつ》に言い出します。

小学校のときなら、笑いながら、「それもいいかもね」と答えますが、中学生となると、高校受験もあるのにという思いから、つい「何をバカみたいなことを言っているの」と言ってしまいがちです。

でも、いろいろな可能性は、案外、突拍子《とっぴょうし》もないところから芽吹《めぶ》いてくるものです。どちらかというと、女の子は現実的ですが、男の子はロマンティストです。可能性の芽を摘《つ》むことだけは避けたいですね。

どんなに唖然《あぜん》としてしまうことでも、息子の話を聞いて一緒に考えてみたらどうでしょう。

日本の鉄道にすべて乗ってみたいというなら、まず計画書を作らせてみるというのもいいですね。それだけでも大変なことですが、もしクリアできたとしたら、かなり信頼していい能力だと思いますよ。

38

その変なかっこう、いますぐやめなさい！

朝、鏡の前で髪形を気にしている、出かける前に着ていくものをやたら気にしている。女の子はもちろん、男の子も急におしゃれを気にし始めます。それも、ズボンのベルトをすごく低い位置でとめたり、靴のかかとを踏《ふ》みつぶして歩いたりという変な〝おしゃれ〟も出てきます。

「やめなさい、そんなかっこう！」

きつくとがめてしまうのは、十分わかります。

でも、ちょっと待ってください。それまでに、「男のくせにそんなおしゃれなんか気にしてないで、勉強に力を入れてちょうだい」そんな言葉を投げつけていませんでしたか？

制服のズボンの裾《すそ》をやたらと太くしたり、低い位置でベルトをとめたりするのは、昔から制服に厳しい学校のファッションとして生まれたものです。

私に言わせれば、この種の〝おしゃれ〟は、「みんながやっているから」とい抗でう未熟なおしゃれ感覚の結果なのです。もうひとつは厳しい押し付けへの抵抗です。そういう意味では、こういうおしゃれさえ自己主張であることに変わりがないのです。

私は、男の子でもおしゃれは大いに結構、どんどんすべし、そう考えています。

ですから、小学校などの早い時期からおしゃれ感覚を磨《みが》いてほしいと思います。そうしたトレーニングを積んだ子は、「みんながやっているから」的なおしゃれには、あまりハマらないものです。

もし、子どもが変なおしゃれをして親として見ていられないというときは、頭ごなしに「やめなさい」と決めつけるのはやめたほうがよさそうです。

だからといって、黙って見過ごすということではありません。

「お母さんは、そんなかっこうするの好きじゃないわ」

自分の気持ちだけははっきりと伝えましょう。

「やめなさい」と決めつけるより、よほど効果があります。服装だけでなく、親がどう感じているのかということをきっちりと伝えることは大切です。

感情を伝えることと命令することは、まったく別のことですから。

39

偉《えら》そうに、まだ何もわかってないのに！

中学生から高校生にかけての子どもは、「おとな」と「子ども」の2つの側面を持っています。自分の中の「子ども」を否定しながら、だんだんと「おとな」になっていく段階にあります。

そして社会やおとな、そして親に対する批判の心も育ってきます。

それをストレートにぶつけてきますから、親としては、「なにを生意気な！」という気持ちになるのは十分わかります。「偉《えら》そうなことを言うんじゃないの！」と、つい大きい声で言いたくもなります。

みなさんも、そういう経験を何度かしたことでしょう。

ただ、「生意気な！」と思った次の瞬間、「あらあら、ついこの間までだっこをせがんでいたのに、ずいぶん成長したのね」と感心してしまうこともたくさんありますね。

「へぇ、そういうことも言えるようになったんだ。おとなになったね」

そんなひと言が自然に出てきてしまいました。

そうなのです。腹がたつほど生意気なことを言えるのは、立派に成長した証《あかし》です。いつまでも従順で可愛かったら、そのときこそ心配してください。

それに、こんな生意気盛りのときに、もうひとつ気づくことがありませんか？ 女の子は母親に対して批判的になっていくのですが、男の子は急に母親に優しくなってきます。時には男性として、母親を守ろうとする行動さえ出てきます。

おわかりですよね。この２つは同じ成長の過程の２つの側面なのです。

生意気なことを言うのも、母親に優しくなるのも、ひとりの人間、ひとりの男性として成長している証です。だから、片方だけ取ろうとしても、それは無理というもの。

そう思えば、子どもが生意気なことを言ってきたら、

「母親に優しくなる訓練をしているのね」

心の中で、そうつぶやきましょう。

生意気な息子が、きっと愛《いと》おしくなってきます。

40 いつまで子どもだと思ってるの？

前の項で、「偉《えら》そうに、まだ何もわかってないのに！」という口ぐせについて触れました。

これは、言葉を換えれば、「まだ、あなたは子どもなの」ということでしょう。中学生になると、この言葉と同じように増えてくるのが、「いつまで子どもだと思ってるの？」という言葉です。

言葉は正直ですね。このくらいの年頃になると、親も子どもと見たり、おとなと見たり、その姿勢がめまぐるしく変わります。

つまり、「おとなになれ」と言われたり、「子どもでいろ」と言われているようなもので、これでは言われる子どもがたまりません。

それにしても、中学生って子どもなのでしょうか、おとなななのでしょうか？心理学的に、あるいは生理学的にいえば、どちらでもありません。子どもとおとなの、ちょうど中間というのが正確です。

なーんだ、結局、どちらでもないのか、とがっかりしましたか?

しかし、中間でどちらでもないのだということを、まずしっかり胸に留めていただくことが大切です。

もうひとつのポイントは、心もからだもおとなに向かって大きくステップアップしていく時期だということです。

親は、そのステップアップをサポートする必要があります。そのために一番大切なのは、「おとなとして対応する」ということです。これは、「おとなと思うべし」ということとは違います。

この時期のとくに男の子は、まだまだ幼い子どもの部分を引きずっています。それをわかったうえで、しかし、おとなとして対応してあげてください。

親から尊重され、おとなとして認められた子どもは、自信をもちます。自信はおとなになっていくうえでの、大きな心の栄養素です。認められ自信をもてば、自分自身の価値観や考え方も身についていきます。

この時期の男の子は、おとなぶったり突っ張ったりするのが特徴ですが、自信があれば、無意味な突っ張りもなくなります。

41 あなたって、ロクな友達がいないのね。

幼稚園や小学校低学年で、親が子どもの遊び友達に口を出すことは、よくありがちなことです。小学校の高学年になってくると、さすがに親の口出しは少なくなります。

それなのに、中学生になると、また増えてくるという現象があります。

小さい頃とはまた別の意味で、友達付き合いが気になるからでしょう。

たしかに中学生になってしばらくすると、靴のかかとを踏んで歩いたり、かばんをぺしゃんこにしたり、ズボンのベルトがゆるゆるで、しかもずり落ちそうな低い位置でとめていたり。おとなから見ると、なぜそんなおかしなかっこうをしたがるのか理解に苦しむことが増えてきます。

服装の変化については、中学生編のはじめに触れましたが、自分の子どもがおかしなかっこうをするようになると、「もしかして変な子と付き合っているのでは？」と心配になります。

そんな折も折、子どもが友達を連れてきたりすると、案《あん》の定《じょう》、その子もおかしなかっこうをしています。

ああ、やっぱりというわけで、「変な友達と付き合わないでちょうだい」とか、「ロクな友達がいないのね」という言葉になってしまいます。

でも、子どもの心の成長を願うなら、これは適切ではない言葉です。

子どもは友達を悪く言われれば、自分が悪く言われたと同じように受け取ります。もし親が友達の悪口を言った場合、ほとんどの子は友達をかばおうとするのです。

そんな反応があるのなら、安心です。お子さんは、ちゃんと友達のよいところを知っていて、自立心をもって付き合っている証拠ですから。

気をつけてほしいのは、そんなときでも友達をかばおうともしない場合です。

ひょっとすると、お子さんは、その子と主体的に付き合っているのでなく、無理やり付き合わされている可能性があるからです。

いじめにつながることもありますから、注意したいですね。

42 あなた、人の話を聞いてるの！

まだ子どもが小さい頃は、「何度言ったらわかるの！」を連発していたお母さん。息子が中学生になったら、「人の話を聞いてるの！」を連発していませんか？

確かに、この年頃の子どもは、親が一生懸命注意したり、意見を言ったりしているのに、ボーっとしてまるで聞いていないようなそぶりをすることが多いものです。

そこで、つい、例の口ぐせになってしまうのですが、この時期の男の子は生理的に耳が聞こえにくくなることがあります。

小学校6年から中学生くらいになると、いったん下降していたテストステロンという男性ホルモンが再び急上昇し始めます。その結果、男らしい骨格がつくられたり、なかにはひげが生えてきたりする子もいるわけです。

ホルモンの上昇速度があまりにも速いので、からだのシステムが一度に順応できなくて、「頭がボーっとする」などの症状があらわれます。なかには恒常的《こうじょうてき》な頭痛や微熱が続くということもあります。そうした症状のひとつに内耳管《ないじかん》の不具合があり、時にはふさがってしまうことさえあるのです。

つまり、子どもが親の言うことを聞いていないように見えるのは、文字通り「聞く耳持たぬ」という状態になっているためという可能性が十分にあります。

女の子には、この症状はありませんから、上の子が女の子で下の子が男だった場合、「何でこんなに生意気なんだろう」と思ってしまうかもしれません。ホルモンの問題があるのだということを頭の隅《すみ》に入れておくと、いいかもしれませんね。

こういうふうに言うと、親の言うことを無視する男の子の態度は、すべてホルモンのせいと受け取る方がいらっしゃるかもしれません。あたりまえのことですが、すべてがホルモンのためではありません。

この時期は、心も大きく成長し、心のシステム全体が追いつかないという現象も起こります。そちらも、ちゃんと見つめてケアすることをお忘れなく。

43 あなたは我が家の金食《かねく》い虫《むし》なんだから！

子どもの教育費は年々増加し、家計の大きな負担になっています。学校にかかる費用だけでなく、塾や習いごとなどを含めるとゾッとするような数字になってきます。そんな状況ですから、子どもが贅沢《ぜいたく》なことを言い出すと、「あなたのために、いったいいくらお金を使っていると思うの？」「あなたは我が家の金食《かねく》い虫《むし》なんだから」

こんな言葉が口をついて出てきてしまうのも無理はありませんね。

それにまた、自分から「塾に行きたい」と言い出して通わせたのに、肝心《かんじん》の受験間近になったら、「無理だからやめた」なんて平気で言うことがあります。

お母さんとしては、怒り心頭《しんとう》。冒頭の言葉を発してしまうのですが、その本意は、「お母さんとお父さんは、こんなにも無理をして、あなたに投資して育ててきたのだから、もっと期待に応えてがんばってちょうだい！」そう言いたいのですね。

苦しい家計の中から、なんとかやりくりして子どもには精一杯のことをしてあげたい、そう思っている親にとっては、お金のことに触れてしまうのは当然かもしれません。

でも、そこをぐっと我慢、胸の奥にしまいこみましょうよ。

冒頭の言葉を聞いた子どもは、どう反応するでしょうか？

「べつにボクが金を使ってくれと頼んでないし……」

「だったら別に高校とか大学とか行かなくてもいいし……」

となってしまいます。

もっとまじめな子だったら、

「親がこんなに無理をしているのだから、がんばって期待に応えなきゃ」

と思うかもしれません。

このがんばりが負担になり、後々《のちのち》心のトラブルになることはよくあるケース。

せっかくお金を出すのなら、自由にのびのびと子どもの可能性を引き出すことにつとめるほうが、よほど効率はいいでしょう。

44 うちは貧乏なんだから、そんなお金はないわよ！

四苦八苦《しくはっく》して家計をやりくりしているお母さんにとっては、一番実感のある言葉ですね。

でも、子どもにいつもそれを言うのはどうでしょうか？

何かがやりたい！　何かがほしい！　というときに、それを言われてしまうと、なんだか肩をすぼめた生き方になってしまうと思いませんか？　これから空に飛び立とうとする小鳥の羽を、1枚チョキンと切ってしまうようなものではないでしょうか。

それに、お金があるないにかかわらず、

「子どもの言うことを何でも受け入れていたら、我慢のできない子どもになってしまう。だから無理なものは無理と、ちゃんと話して我慢のできる子に育てなくっちゃ」

そういうお母さんがいます。そして、それを納得させるのに一番便利なのが、

「うちにそんなお金はないわ」という言葉なのです。

まず最初のことですが、「お金がないからダメ」というのではなく、お金がないならないなりに、何か方法はないか子どもと一緒に考えてあげるくらいなら、誰にでもできますよね。小さな子どもと違って、中学生くらいになったら家庭の事情だってわかります。一緒に考えたうえで出た答えなら、子どもだって納得するはずです。

もうひとつ、我慢を教えるという考え方についてです。ちょっと聞くと、しごく当然なことのように思えますが、本当にそうでしょうか？

本当の我慢する心は、我慢することでは育ちません。心理学的にいえば、我慢は抑圧ですから、どんどん心の底にたまっていきます。やがて抑え込んだものが膨《ふく》らんで、そしてはじけます。つまり満たされてこそ、本当の我慢は育つのです。

勘違《かんちが》いしないでほしいのは、子どもの言うことを何でも受け入れるということではありません。間違っている要求は、きちんと話をして断るのは当然ですし、無理なものは事情を話して納得してもらえばいいのです。

ただし、そのときも「本当はやってあげたいんだけどね」という親の気持ちが伝わることが大切です。

45 そんなことじゃ、お父さんみたいになっちゃうわよ！

「お父さんみたいになりたいの？」
「お父さんみたいになってほしくないから、あなたにはがんばってほしいの」

考えてみれば、ひどい言葉ですが、実際によく聞く言葉です。あるいはそのままの言葉ではないにしても、そんなニュアンスに近い言葉を発していることは案外少なくないのではないでしょうか。

こうした言葉をしじゅう聞かされていると、子どもはどんなふうに感じるでしょうか？　ひょっとすると、お父さんみたいにならないためにがんばらなくちゃ、と思うようになってくれるかもしれません。

がんばった結果、まわりにも自慢《じまん》できるような息子に育ったとしましょう。でも、彼は父親をバカにしたままおとなになっています。

それでもかまわない、結果オーライだと思いますか？　よく考えてみてください。

父親をバカにし、否定しているということは、自分の中の半分を否定しているということです。本人は意識しなくても、これは大きな心理的な抑圧です。そのツケは人生のどこかで必ず背負うことになるのです。

もうひとつ、お母さんにとってもこの言葉は、自分を否定しているに等しいのです。だって、好きになって結婚した相手を否定しているのですよ。自分の人生が失敗だったと言っているも同然じゃないですか。

夫婦という関係だけのことではありません。人をおとしめる人は、結果的に自分自身をもおとしめているのです。賢《かしこ》いお母さんなら、きっとこれに気づいていることでしょう。

少なくても、子どもにとってはこの世でたったひとりのお父さんですし、あなたが好きになった人でもあるのですから、いいところを見つけて子どもが参考にできるように考えましょう。

「あなたはお父さんの子どもなんだから、きっと何でもできるわよ」

こんな言葉をかけてあげられるようになるといいですね。

高校生編
──見つめるというコミュニケーション

高校生になると、親として直面せざるをえなくなるのは性の問題でしょう。もちろん、そのスタートは中学生時代からありますが、高校生になる頃には、多かれ少なかれ誰もが等しく直面する問題です。

これも、じつは幼児期や小学生の頃の親の言葉と無関係ではありません。まだ幼い頃、お風呂でママのからだに関心を持ったとき、

「そんなにママのからだを触らないで、エッチね！」

という言葉ではねつけられた子どもは、性やからだのことをマイナスとしてとらえるようになります。

こんな言葉の中で育った子どもは、高校生くらいになると、性の問題はもちろん、恋愛の悩みについても、ほとんど親と話をしようとしなくなるでしょう。

たとえそうでなくても、親とのコミュニケーションが希薄になる時期です。

だからこそ、親としては距離を置きながらも、きちんと子どもを見つめていることが大切です。

見つめていることそのものがこの時期では大切なコミュニケーションなのですから。

モテる男のヘアスタイル
エロ本
彼女をGETする方法
何なの?この本は!?
勝手に見るなよー!
まったく、こんな時期に、あなたは女の子のことしか頭にないの!?

だから、どんどん
落ちこぼれるのね。
そんなんじゃ
受験に
落ちるわよ
偏差値UP!!
受験!!
受験…
プレッシャー
合格!
うるせ〜〜!!!

46　何が気に入らないの？　ハッキリ言いなさいよ！

子どもの言うことをいくら聞いても気に入らない。要求のままいくら聞いてあげても、次々に要求が出てきてきりがない。そして、何が気に入らないのか聞いても答えは返ってこない。

この子は、私を困らせるためにこんなことを言っているんじゃないかと思いたくなります。

必要なものはすべて与えてきたし、ご飯を用意できないときは、好きなものを食べられるように十分なお金を与えてきた。休みの日には、どこへでも好きな所に行かせてやった。それなのに何の不満があるというのだろう。

その思いが爆発したときに出るのが、

「何が気に入らないの、ハッキリ言いなさいよ！」

という言葉。

かつて私がセラピーを担当した男子高校生は、不登校、飲酒喫煙の問題行動を続けていただけでなく、私のところに来た時点では睡眠薬などの薬も多用していました。

親は、ほとんどその子を投げ出した状態でしたが、あるとき、彼の心の底に潜《ひそ》んでいるものが明らかになったのです。

「最初はただ母親を困らせようと思った。困ったら、少しは自分に目を向けてもらえるようになるかと……」

ポツリと言うと、彼の目からは涙がとめどなく流れていました。

傍目《はため》から見れば、問題のあるような母親ではありません。でも彼女がいつも目を向けているのは夫と同居している夫の両親でした。夫の父親が会社を経営していて、夫もその会社で働いているため、母親はいつもその目を意識しなければならなかったのです。

子どもに目を向ける余裕のなかった母親に、彼はしっかり抱きしめてもらいたかったのです。そして母親自身にも自分を取り戻してほしかったのです。

無理難題《むりなんだい》や非行《ひこう》は、その叫びだったのですね。

47
あきらめなさい。私たちも期待してないし。

一生懸命勉強している息子や、野球の練習をしている息子に対して、「あきらめなさい。あなたにはどうせ才能がないんだから」そんな言葉を投げかけてはいませんか。

たとえそのときは才能がないように思えても、がんばり次第でどう変わるかわかりませんよ。実際に才能を花開かせて世に出た人たちには、必ず心強い支援者がいるものです。

発明王と呼ばれたエジソンもそのひとりです。

有名な話ですが、エジソンは入った小学校をたった3ヵ月で退学させられています。

しかも、教師からは「君の頭は腐《くさ》っている」とまで言われたのです。

おまけに父親までが、「おまえの将来は、ないも同然だ」とばかりエジソンを見放しました。

このとき、ただひとり力強く励《はげ》ましたのは母親のナンシーでした。

「あなたは誰にもない才能がある。必ず花開くわ」

そう信じ、学校に行かなくなったエジソンの勉強を見続けたのです。じつはエジソンは「1＋1はなぜ2なのか」という先生を困らせるような質問ばかりしていただけでなく、いまでいうＡＤＨＤ（注意欠陥／多動性障害）の要素があったといわれています。

それも乗り越えたのですから、エジソンがあとに発明王とまでいわれる人になったのは、まさに母親のおかげといっていいでしょう。

そう、大切なのは自分を信じて歩み続けること。そんな信じる力を与えられるのは、他ならぬお母さんなのです。

あきらめるかあきらめないか、それは本人の意思で決めることで、本人にまかせるしかありません。

でも、もしもお母さんが信じてくれないことが原因で子どもがあきらめるとしたら、こんなに悲しいことはないじゃありませんか。

48　下着ぐらい自分で洗ったら？

いかにも汚いものを触《さわ》るように指先でつまみながら、この言葉を口にするお母さん、いませんか？

高校生ぐらいになると、たしかにパンツなども、いろいろな意味で汚れてきます。普通の汚れの他に、時にはマスターベーションをしたあとの汚れがついたりということもあるでしょう。

でも、ちょっと考えてあげてください。

この時期の子どもは、男性のおとなへと心もからだも大きく変わっていこうとしています。その狭間《はざま》で心は揺れ動いています。とくに性的なことに関しては、とてもナーバスになっているものです。

たとえば冒頭の例で、汚れたパンツをつまみながら、

「下着ぐらい自分で洗ったら」

という母親のひと言は、彼のマスターベーションまでを問いつめるものになって

しまうのです。息子にしてみれば、自分の恥部《ちぶ》をえぐられたようなものです。

この時期の息子には、もう少しデリカシーをもって接してあげたいものです。

逆に、性的な行為で下着を汚したときに、こっそり下着を自分で洗っているというシーンにも、きっと出会うと思います。

このときも、

「なに、こそこそ下着を洗ってるの」

といった詰問《きつもん》はよくありません。先に挙げた例と同じに、そっと見ない振りをしていくのがいいですね。

こうした、ちょっとデリカシー不足というケースと逆に、まるで腫《は》れ物に触るように意識過剰《かじょう》になるお母さんがいます。これも別の意味で問題があります。

性的なものがからむ微妙な問題は、あたらず触らず、適当な距離感を持って接するのが大切です。

でも、あくまでナチュラルに。そうすることで息子の性意識もナチュラルに育ちます。

49 あんた、ちょっと臭《くさ》いわ！

高校生から青年期にかけては、いろいろな心のトラブルが増えてきます。不登校や摂食障害《せっしょく》などもそうですが、病気との微妙な境界線にある不安症、恐怖症的な状態も起きてきます。

思春期の子どもたちは、自分のにおいにも敏感です。自己臭恐怖症《じこしゅう》というのは、自分から常に臭《くさ》いにおいが出ている、まわりの人が自分を臭いと思っている。そんなふうに思いこんでしまう心のトラブルです。ひどくなると、家から出られなくなったり、部屋から出なくなったりすることもあるのです。

そんな極端な、と思うかもしれませんが、感受性の豊かな子は陥《おち》りがちなのです。

みなさんも経験がおありでしょう、思春期にはホルモンが活発に分泌《ぶんぴつ》されます。にきびができてきたりするのも、そのひとつです。

とくに男性は、いわゆる「男臭さ」があふれてきます。ましてスポーツをしていて、練習着などをこまめに洗濯しない場合など、着替えても汗臭いにおいが付着していることだってあります。一見無頓着《むとんちゃく》のようでいて、でも、かなり気にしているものなのです。

「臭い……」

と言われただけで、相当《そうとう》傷つきます。まして年中言われていたら、場合によっては自己臭恐怖症になってしまうかもしれません。

できるだけ直接的な言い方は避け、衣類をいつも以上に洗ってあげたり、好みに合いそうなデオドラントなどがあれば、さりげなく洗面台においておけばいいでしょう。

たとえどんな年齢でも、男性は必要以上のおしゃれより、やはり清潔感が第一。おしゃれに熱心な最近の若い男の子は、汗臭いにおいをそのままにしているというケースは、めったにないかもしれませんけど。

50 マスタベーションなんかしてたら、頭がバカになるよ！

夜、試験勉強に熱中しているのではないかと勉強部屋をあけたら、息子がマスタベーションをしていてギョッとしたという経験はありませんか？

まだ子どもが小さくて未経験という方も、将来、一度くらいはぶつかることになるかもしれませんね。

でも、これはめずらしいことでもないし、まして異常なことなんかではありません。

あるデータによると、男の子は精通がはじまる12歳前後からマスタベーション体験が始まり、15歳以上では90％が体験しているといいます。

ついこの前まで、可愛いと思っていた息子がマスタベーションをしているのを目撃したら、おそらくショックでしょう。でも、それはおとなの男性に向かって健康に育っている証拠でもあるのです。

「何してるのよ、そんなことばかりしていたらバカになるわよ」

なんて言葉をけっして口にしないでくださいね。

たしかに昔は「頭が悪くなる」とか「集中力が落ちる」などといわれましたが、過度にならない限り問題がないというのが現在の専門家の判断です。

もし母親が、異常な、いやらしい行為だという反応をしたり、それを言葉にしたら、子どもはどう感じるでしょうか？

それがあたりまえのことであっても、子どもには「恥ずかしい」という感情があります。まして親に目撃されれば、それがさらに増幅《ぞうふく》するでしょう。

子どもだって、十分、ショックなのです。

それに追い討ちをかけるように詰問の言葉があれば、子どもの性に対する思いは、どうしてもゆがめられます。その結果、性は悪いことだという意識が芽生《めば》え、異常な方向へ向かっていく傾向が強くなるのです。

息子が少なくとも中学生以上になったら、部屋に入るときは必ずノックをし、返事を聞いて少し間をおいてからにしましょう。

51 いまは大事な時期なのに、セックスのことしか頭にないの！

セックスの問題って、ほとんどの親ができることなら避けてやり過ごしたいと思っていることでしょう。

そうですね、面と向かって話し合うには、あまりにも微妙な要素を含んでいて、取り扱いもとても厄介《やっかい》です。でも、だからといってやり過ごすこともできない問題です。

セックスの問題をどう話したらいいのか、どう扱っていいのかという方法論のまえに、何よりも大切なのは親のセックスに対する意識です。

とても不思議なことですが、親はセックスをすることで妊娠、出産し、いま目の前の息子が存在しているはずです。それなのに、セックスを罪悪視する親が少なくないのは、どういうわけでしょうか。

それは結局のところ、自分を否定し、子どもも否定することにつながります。

そこから出発する親子関係って、なんだか不幸ですよね。

だって愛する人とからだも心も通い合わせることは、とても素敵なことではないですか。

どう話すかより、まず親のこの思いは自然に子どもに伝わります。

そして素晴らしいことだと感じられる子どもは、けっして性意識がゆがんだ方向に向けられることはありません。

さて見出しに掲《かか》げた言葉ですが、こんな言葉を口にしたくなるほど高校生くらいの年頃の男の子は、女性やセックスに関わる妄想《もうそう》で頭がいっぱいです。それがあたりまえなのです。成熟したおとなになって、どんな聖人君子《せいじんくんし》のような人だって、その年頃には同じようなものだったはずです。

人間だって動物なのですから。

まずその認識をもって、あくまでナチュラルに息子に接してあげてください。

そうですね。時には夫と腕を組んで、あるいは肩を抱き合って散歩したりしているところを見せるといいかもしれませんね。

そんな幸せをもたらしてくれるのがセックスだとわかってもらえるのでは？

52 なによ、そのかっこう。ニューハーフにでもなるつもり！

最近のテレビでは、いわゆるニューハーフといわれる人たちが、いろいろな場で活躍していますよね。

明るくて、話が上手で、いるだけで場がにぎやかになる効果はなかなかのものです。でも彼女（？）たちは、もともとあんなに明るかったわけではないと思います。

もともとニューハーフとか、おかまとかいわれる人たちは芸術や芸能の才能に秀《ひい》でているといわれています。そういう人たちにも、そこに至るまでのプロセスはいろいろあります。

そのひとつが性同一性障害《せいどういっせいしょうがい》といわれるものです。

つまり心とからだの性が一致しないというトラブルです。ふつう男性は男性のからだを持ち、心もそれに伴います。そして女性は女性のからだを持ち、心もそれに一致しています。

でも性同一性障害の場合、からだは男性なのに、気持ちは女性、あるいはその逆になってしまっています。

かんたんに言えばそういうことですが、それぞれの関係が複雑にからみ合っている場合もあれば、時には医学的な性の判別が困難なこともあります。

いまニューハーフとしてテレビで活躍しているあるタレントも、思春期にはずいぶん苦しんだそうです。

もし、あなたの息子が女性の衣服に興味を持って着てみたり、時には化粧をすることもあるというときは、心を落ち着けてよく観察し、冷静な対応をしたいですね。

「なによ、そのかっこう。ニューハーフにでもなるつもり！」

などと頭ごなしに叱《しか》るのは危険です。もちろん、ちょっとした興味だったり、気まぐれかもしれません。

でも、そうした行為に走り、一方で苦しんでいるとしたら、その言葉が大きく彼を傷つけてしまいます。

人は、本当にいろいろです。それを受け入れる気持ちをもちたいですね。

53　あんたなんか信用できるはずないでしょ！

「小遣《こづか》いくれよ」

突然、息子に言われたら、どう答えますか？

当然、まずは使い道をたずねるでしょうね。でも、彼は答えません。

次に何を聞きますか？　金額？　必要な理由？

「3万円。使い道は言えないよ。別に何だっていいだろう。オレを信用するならくれよ」

それが息子の答えのすべて。しかも、ぶっきらぼうです。

「使い道も言わないで、信用なんかできるわけないでしょ！」

そう答えますか？

3万円。たしかに少ない金額ではないですね。まして理由も言わないのでは、「はい、どうぞ」とは言えませんよね。

でも、それでも彼が理由を言わなかったら、どうしますか？

結局、あげてしまうでしょうか。

それとも、最後まで拒《こば》み通すでしょうか。

ほとんどの教育関係者は逆でしょうが、「あげましょうよ」というのが私の答えです。正確に言えば、信用してあげましょうよ、ということです。

このケース、親としては正念場《しょうねんば》です。

一番の問題は息子を信頼するかどうかです。もし、拒否すれば、子どもは「自分は信頼されていないのだな」と受け取ります。

「信頼してほしいと思えば、理由を言うべきでしょう」

そう反論する方もいらっしゃるでしょう。

でも、彼は「言えない」と言っているのです。信頼に理由はいりません。

彼の言うとおりにお金をあげるということは、「あなたを信頼しているよ」という強いメッセージです。このメッセージはどんなに彼を勇気づけることでしょうか。

逆に「拒否」というメッセージは、息子を突き放し、親子の間に立ちふさがる大きな壁となってしまうにちがいありません。

54
人に知られたら恥《は》ずかしいわ。お母さんが笑われるのよ。

子どもが出来心《できごころ》で万引《まんび》きをしてしまった。たばこをすっているのを見つかってしまった。テストで最低点をとってしまった。

子どもには、ちょっとした失敗から深刻なトラブルまで、本当にさまざまなことが起こります。

たとえばコンビニでガムを万引きして捕《つか》まり、お店から連絡が入ったとしましょう。あなたなら、息子にどう対応しますか。

「本当に恥《は》ずかしいことをしてくれたね。もうお母さん、堂々と外を歩けないわよ！」

そんな対応をしたお母さん。彼は、きっとまた同じようなことを繰り返します。

「お母さんは、あなたを信頼している。でも、とても悲しいわ。それだけは覚えておいてね」

こう対応したお母さんの息子は、きっと二度と同じことを繰り返さないでしょう。

もうずいぶん前のことになりますが、私がセラピーをしていた女子高校生がいました。いろいろな問題行動を起こしたあとで、彼女は家出をし、町で出会った男性のところを転々としながら１週間を過ごしたそうです。

そして身も心もすさみきって帰ってきたときに、母親が最初に口にした言葉はこうでした。

「ご近所に恥ずかしいわ」

娘への気遣いの言葉もなく、まず無事を喜ぶでもなく、最初に口にしたのがこの言葉だったのです。

「お母さんは私より、自分の面子《めんつ》が大切なんだ。私なんかどうなってもいいんだ」

彼女は、そう感じたそうです。

その後、彼女の問題行動が最悪の方向に転がっていったのは言うまでもありません。

55

そんな甘い考えじゃ生きていけないよ！
人生はきびしい戦いなのよ。

確かに人生はきびしい戦いの連続なのかもしれません。

学生時代は受験戦争があり、学校の管理下に置かれ、社会に出れば、仕事の上で同僚と競《きそ》い合い、上司から叱責《しっせき》される。そんなきびしさの連続です。

でも、そう子どもに話しているあなたは、どうやって人生のきびしさを知りましたか？　人に教えられて知ったのではなく、自分自身の経験を通して知ったのではないですか？

そうだとしたら、息子さんもきっと同じです。

自分自身が学校で、社会で、さまざまな経験をして、はじめて人生のきびしさを知るのではないでしょうか。口できびしさを何度連発しようが、何の効果もありません。それは、あなた自身が一番知っているでしょう？

よく、「ああ、学生時代のあのときに、もっと勉強をしておけばよかった」というお母さんやお父さんがいます。そして、

「だからこそ、あとで後悔しないように子どもにはしっかり勉強させなくては」

そう言うのです。

でも、きっとみなさんのお父さんやお母さんも、同じことを言っていませんでしたか？　きっと口がすっぱくなるほど言っていたと思います。

「もっと勉強しておけばよかった」という後悔なんて、何世代も繰り返されてきたことなのです。

人生はきびしいと諭《さと》すことも、これとまったく同じですよね。

だったら、こうしたらどうでしょう。人生の困難やきびしい場面を楽しさと喜びに変えてしまう方法を教えるのです。方法ですか？　いたって簡単です。どんな困難や厳しい場面でも、自分が気持ちがよい、楽しいと思える部分が必ずあります。

それを見つけて、気楽に、口笛《くちぶえ》でも吹きながら楽しめばいいのです。

きびしい、大変だといって、目を血走《ちばし》らせているより、そのほうが素晴らしい結果に出会えるものですよ。

56 そんなことじゃ、受験に失敗するわよ。落ちこぼれね！

この言葉、いまのお母さんが学生だった頃、程度の差こそあれ一度は言われたことがあるのではないでしょうか。

いまでは、高校進学率が90％を超えているのですから、ほとんどの中学生は、いやでも高校受験のプレッシャーにさらされながら生活しているといえます。高校生なら大学受験が控《ひか》えています。

親が口出しなどしなくても、学校の雰囲気、先生の話、友達同士の会話、マスコミで取り上げられる情報、塾の先生の叱咤《しった》激励《げきれい》など、どこにいても、どこを向いても、きびしいプレッシャーにさらされているのです。

そんな子どもたちの過酷《かこく》な状況を知ってもなお、「そんなことじゃ、受験に失敗するわよ。落ちこぼれね」なんてことが言えますか。少なくとも私にはできません。

だって、いまさらお母さんが言わなくても、「勉強しなくちゃヤバい」、みんなに後《おく》れをとってしまう」そんな不安感でいっぱいなのですから。

いま何をやらなければいけないのかを、一番よくわかっているのは子ども自身なのです。

ちょっと心理学的に言わせてもらうなら、過剰《かじょう》なプレッシャーや、それに起因《きいん》する不安感は、焦《あせ》りしか生まないのです。焦ってしまうと、やる気が空回りしてしまいます。

その結果、本人がいかにがんばろうと思っても、現実にはがんばれなくなってしまうのです。ひどくなると、おとなの世界で増えている「うつ」に近い感じになってしまうのです。

それに受験に失敗したからって、落ちこぼれなんてはずがありません。

彼の人生は、まだ始まったばかり。まだまだ長い人生が続いていくのです。その道筋には可能性がたくさん埋《う》まっています。右の道が閉ざされたら、左はもう崖《がけ》っぷちなんていう人生は、実際にはありません。

「がんばれば受験に失敗しても、きっとよかったと思う日が来るよ」

そんな言葉をかけたいですね。

第3章　お母さんの口ぐせが変わると、息子も変わる

息子だけが生きがい!!
重い・・・・
何かを始めてみる!
ぼくもがんばろう
他人をうらやむより、
○○くんはいつも一等なのに、あなたはどうしてそんなに走るのが遅いの?
我が子のいいところに目を向ける。
絵がとても上手ね

だから言ったのに!
なんでいつもそうなの!?
と、言いそうになったら
ショボン…
まいっか。
ちゃんと自分でできたね。
失敗しても大丈夫
と、言ってみよう
ニコッ
他人と比べない。
ありのままのあなたが好き。
そして、自分自身も好き。
だって、私のお腹から
生まれてきたあなただもの。

口ぐせをなくす3つのポイント

口ぐせって、それを言ったら息子が傷つくとわかっているんですね。わかっているのに、また、つい出てしまう。言われるほうも、言っているほうもいいことはないのに、なかなかなくならない。

自分でもどうしようもない、というのが現実なのでしょう。

でも、あきらめないでください。方法は、あります。そのひとつを紹介します。

息子を追いつめる口ぐせをなくすには、大切な3つのポイントがあります。

① 他人と比較しない。

② あるがままの息子を抱きしめる。

③ お母さん自身を大切にする。

この3つです。

どれも簡単そうですが、じつは難しいのです。

すぐに実現できるのは、③の「お母さん自身を大切にする」でしょうか。

具体的には、まず自分自身の楽しみをもつことです。それはテニスや水泳などのスポーツでもいいですし、読書や映画鑑賞、観劇といった文化的な活動でもいいですね。

何かを始めると、やっているうちに目標ができます。水泳なら「3種目で500メートルずつ泳げるようになりたい」とか、ある作家の作品を「全部読破《どくは》して自分なりの感想文をまとめたい」とか、いろいろありますね。

続けているうちに心に活力がみなぎってきますし、目標を少しずつ実現していく達成感も得ることができるでしょう。

こうしてお母さん自身が自分の歓びを少しでも見つけることができると、子どもに向ける視線が変わってくることに気づくのです。

まず最初の変化は、息子の日常の枝葉末節《しようまっせつ》があまり気にならなくなります。

自分の楽しみ、喜びがないと、息子に自分自身を重ねてしまいます。息子の勉強やスポーツの実績は自分の喜びになり、そのときの価値の尺度《しゃくど》は世間的な基準です。

その結果、どうしても息子のこまかい部分まで視線がいってしまいます。

ここで①の「他人と比較しない」が関わってきます。

息子に優れたところがあったり、何かの成果を上げたりすれば、親は誰でもうれしいものです。でも、それは「○○さんより上だから」ということではないのです。

でもマイナスの部分では、どうしても他の子どもと比較してしまうのです。たとえば幼児期なら、「○○ちゃんは、じょうずに字が書けるのに、あなたは……」から始まって、「○○ちゃんは友達が多いのに」、さらには靴の大きさまで他人と自分の子どもを比べてしまうお母さんが少なくありません。

こういうお母さんは自分に自信がないのです。自分自身がいつも他人と比べて、「私はダメ」とか「○○さんのご主人は部長さんだけど、うちは課長」などと感じているのです。

もっと自分に自信をもってください。

誰でも、良いところも、そうでないところもあるのです。全部をひっくるめて、一度あるがままの自分を抱きしめてみましょう。そうですね、時には声に出してみてもいいですよ。

「〇〇子、私はあなたが大好きよ！」

そう言いながら、心で自分を抱きしめるのです。

そして自分が好きになれたら、次は同じように息子を抱きしめましょう。

「〇〇ちゃん、私はあなたが大好きよ！」

ダメなところもたくさんあるでしょう。でも素敵なところは、それ以上にいっぱいあるのです。

まだ赤ちゃんだった頃の息子を思い出してみましょう。ひたすらお母さんを信頼して見つめてくる愛くるしい瞳《ひとみ》、伸ばしてきてしっかりとつかむ柔らかでいて力強い指。

そうです。そうして、あるがままの息子を抱きしめましょう。

焦《あせ》らなくていいんです。

この３つのポイントを少しずつ、ゆっくりと実行してみましょう。

きっと息子に対する言葉が変わってきます。

幸せで豊かな自分を引き出すアファメーション

みなさん、アファメーションという言葉を聞いたことがありますか？

アファメーションとは、自分に対して語りかける肯定的な宣言、あるいは言葉のことです。

つまり自分に対して意識的によい言葉を選んで語り続けることによって、自分自身の意識や心のあり方を変えて、プラスの方向に進めていく方法です。

息子への口ぐせは、彼を追いつめるだけでなく、お母さん自身の心も傷つけます。息子どもマイナスの方向に進んでいってしまうのです。そして、さらなる口ぐせの多発へと作用していきます。

潜在《せんざい》意識と顕在《けんざい》意識という言葉はご存じだと思います。

ふつう私たちが自分の意識と自覚している思考、認識、感情などは顕在意識で、それを実現化するための原動力として活動しているのが潜在意識です。

この2つは、よく「海に浮かんだ氷山」にたとえられます。

水面から突き出している部分が顕在意識、水面下に隠れている部分が潜在意識です。

つまり潜在意識の占める部分のほうが圧倒的に大きく、全体の約9割を占めています。しかも自分自身には、はっきり自覚できないものなのです。

アファメーションは、この潜在意識に働きかけ、マイナスの思い込みをプラスの思い込みに変えていきます。

もし、あなたが「息子はどうしようもない。このままだとロクなおとなにならない」そう思っていて、毎日のように「ダメな息子」と心のうちでつぶやいているとします。

潜在意識は、顕在意識から送られてきた情報をそのまま受け取り、蓄積《ちくせき》します。潜在意識は善悪の区別がなく、ただ送られた情報だけを蓄積し、それに沿った行動を実現するように活動します。

ですから、「ダメな息子」「どうしようもない息子」と感じたり、口にしたりするたびに、あなたの潜在意識は息子を追いつめる言葉を連発せよと命じ、追いつめられた息子はどんどん本当にダメな人間への坂道を転がり落ちていくのです。

だったら、これを逆に利用しましょう。それがアファメーションです。

まずアファメーションの言葉をつくってみましょう。

「私は自分が大好きだ。息子が大好きだ」

「私は素敵な、いい母親」

「息子は素敵な、いい子」

こんなところから始めてみましょうか。

方法には、これといった決まりはありません。自分のやりやすい方法で行ってください。そうですね、はじめはアファメーションの言葉を手帳などに書いて、時々読んでみるのもいいです。

もちろん声に出して、自分に語りかけるのもいいです。

朝起きて顔を洗うときなど、鏡の中の自分に向かって語りかけるという方法も効果的です。

最初のうちは、なんだか照《て》れくさくて声に出して語りかけるなんてできないかもしれません。

「こんなことをして、何になるのかしら？」と、疑問も湧《わ》いてくることでしょう。

でも、まず最初は、疑問を捨て去りましょう。

役に立たなくてもともと、効果があったらうれしい、くらいの気持ちでいいです。とにかく始めてしまいましょう。

続けているうちに、きっとある変化が出てきます。

自分に語りかける言葉が意識しないでも自然に出てくるようになります。言葉を語りかけるときに、楽しい、浮き浮きするような気持ちになってくれば最高です。

この時点でアファメーションはほぼ完成。あとは潜在意識に刻まれた言葉が動き出し、言葉どおりのものが実現していくのを待つだけです。

ただし、「そろそろ効果が出てきたかな？」とか、あまり意識しすぎないことが大切です。

ほとんど無意識で言葉を口にしているという状態が理想的です。

親子で元気になれる〝魔法〟の口ぐせをつくろう

第1章で、「ありがとう」がいつも行き交っている親子は素敵な関係が築かれている、と書きました。これは、その続きといってもいいでしょう。

「ありがとう」「おはよう」という、あたりまえの言葉が、きちんと交わされているのといないのとでは大きな違いが出てしまいます。

そこで、どうしても口をついて出てしまう、いやな口ぐせを素敵な口ぐせに変えてしまうのです。

たとえば、子どもが何か失敗したとき、

「だから言ったのに、ダメね！」

というのが、いままでの口ぐせ。それが出そうになったら、ぐっと飲み込んで、

「失敗したっていいのよ、ちゃんと自分でやれたんだから」

こう言ってみましょう。

この言葉に限らなくてもいいですよ。子どもが失敗して、「しまった！」と感じているところに追い討ちをかけない言葉なら何でもいいのです。

「あ～あ、やっちゃったね。ま、いっか！」

だっていいですよ。

ちょっと例をいくつかあげてみましょうか。

「男の子でしょ、ベタベタしないで！」

↓「は～い、いっぱい甘えていいのよ！」

「あなたには苦労させられるわ」

↓「生まれてきてくれて、ありがとう」

「そんなことをして、ママが恥ずかしいわ」

↓「ママは、いつもあなたの味方よ」

「どうせできっこないわ」
↓「すごい、すごい、きっとできるわ。お母さんも応援するね」
「ほんとにグズなんだから！」
↓「ママはできると思う。待ってるよ」
「男の子でしょ、我慢しなさい」
↓「男の子だって、いっぱい泣いていいんだよ」

こんな感じです。

2つか3つだけでもいいのです。自分でこれと思ったものを、ぜひ〝魔法〟の口ぐせにしてみてください。それができれば、他のいやな口ぐせが残っていても、差し引きで大きなプラスがあります。

いままで、あまり言うことを聞いてくれなかった息子が、素直になっていることに気づきます。

スワイショーで自然のパワーをもらう

ここまでこの本を読んでいただいて、きっと気づかれたと思いますが、息子を追いつめる口ぐせをなくす大事なポイントは、お母さん自身を変えることです。

この章の最初に、３つのポイントについて書きました。その中のひとつに、

「お母さん自身を大切にする」

というのがありましたね。

それができるようになるステップのひとつに「スワイショー」があります。

もともとは太極拳《たいきょくけん》や気功《きこう》の準備運動なのですが、からだの中にたまった悪い気を吐《は》き出し、宇宙からナチュラルなパワーをいただくというかたちで、いま新たに注目されています。

といっても、やり方はとても簡単です。

基本的には手を前後にブラブラと振る。

他に、腰を回転しながら手を振る、または肩と腰をポンポンと叩《たた》く。

それだけです。これなら、誰にでもできますよね。

☆　ぶらぶらスワイショー

①まっすぐに立った姿勢で腕を前後に振ります。足は左右の幅を肩幅と同じぐらいに開き、つま先は広げず正面に向けます。手は前に上がったときは肩の高さぐらいに。指の一本一本から、よい気がからだの中にすっと入ってくるのを味わってください。

②腕や肩の力をなるべく抜いてブラブラと振ります。スピードはゆっくりと自然に。目は遠くを見つめて、手の指は大きく開いてください。

③できるだけ笑顔がいいですね。

④後ろへは無理をしない程度に高く振り、アゴが上がらないようにしましょう。後ろに9割振ったとき、指先から邪気が出ていくのをイメージしてください。

☆ ぐるぐるスワイショー

①腕の力を抜いてだらりと垂らしたまま、ウエストをひねって胴体を回転させます。足は左右の幅が肩幅と同じぐらいに開き、つま先は広げず正面に向けます。からだにまとわりつくように腕を振ります。

②首を回して真後ろを振り返るように動く。両腕は軽く開く。3回ごとに邪気を「ハッ」と吐きます。

③目は遠くを見つめて、顔は笑顔で。

④腕と肩の力を十分に抜いて、腕をあまり強く振り回さないように。首を回しすぎるとめまいを起こすことがあるので注意しましょう。

左右繰り返して3回ずつ行いましょう。

☆ポンポンスワイショー

①右手左肩に、左手右腰、またはおしりに。左手右肩に、右手左腰、またはおしりにを交互に。

足はぐるぐるスワイショーと同じで、からだを振り込むようにリズムカルな動きでポンポンと叩きます。

②ポンポンと気持ちよくリズミカルに、少しペースを早めます。

首や頭も同時に動かしましょう。

③早めたら軽く目を閉じてください。
からだが納得するまでしてみましょう。

④ポンポンと叩かれたからだは、エネルギーがみなぎり行動力が高まってきます。
ゆっくりと呼吸を整えます。

スワイショーの効果を高める7つのポイント

スワイショーは、とても簡単ですが、肩こりや腰痛、便秘や冷え性にも効果があります。でも、一番の効果は自分の中にあって不機嫌を作り出している悪い気を追い出し、宇宙と大自然のパワーをからだと心に取り込み、脳が休まるという点です。

その効果を高めるポイントを、いくつかご紹介しておきますね。

1．手のひらのパーは最後まで大きく開いて

開放的な性格で、自分を外に向けて開くことが上手な人は、スワイショーをしていても最後まで手のひらがしっかり開いています。

内向的で、人と接するのが苦手な人は、いつの間にか手のひらが閉じてきてしまいます。

おもしろいですね。手のひらって、心のシンボルなんですね。

同時に手のひらは気の通り道でもあります。

気功では、右手で自分の中にある気を出して、左手で自然の気を受けるとされています。ほら、仏像は右手をかざし、左手は受けるようなかたちをしているのはこのためだそうです。

ですから、スワイショーをするときは、最後まで手のひらをゆったりと広げて、自分の中の悪い気を出し、自然のパワーをたっぷりと取り入れるようにしましょう。

2. やや上の遠くを見つめて行いましょう

私たちは、日常生活の中でほとんど目と同じ高さかそれより下を見ています。やや上の遠くを見ることって、あまりありません。

家の中で家事をするときだってそうですし、歩くときも通常の目線より下を見ています。これは、意識や考え方にもつながっているのではないかと思うのです。つまり近くや下ばかり見ていると、考え方も目先のことだけになってしまいます。もう少し遠くを見る習慣があれば、広い視野でものを考えられるようになるのです。

なんだか、そんな気がするのですが、みなさんはいかがでしょうか？

だから私はスワイショーを行うときも、なるべく遠くのやや上を見ることをおすすめしているのです。

3．リラックスしてがんばらないこと

視線もそうですが、「最後まで遠くを見つめて」というと、目に力が入っていかにも「がんばっているわね」という状態になっている方がいます。

でも、スワイショーは、あくまでからだと心をゆるめてやってくださいね。

私たちのからだって、本当にゆるめているのは眠っているときくらいで、あとは必ずどこかに力が加わったり緊張したりしています。

ですから案外、ゆるめるって難しいのです。

4．笑顔で行いましょう

笑顔といっても、テレビのお笑い番組を見て大笑いしているときの笑いとは違いますよ。かすかな笑顔、つまり微笑です。

みなさん、子どもがまだ赤ちゃんだったとき、かすかな笑顔のような表情で寝入っているのを覚えていますでしょう。あの表情は弥勒菩薩《みろくぼさつ》のお顔にそっくりだ

と思います。

3つめのポイントとして、「リラックスしてがんばらないこと」を挙げましたが、じつはこの半微笑は心もからだも一番リラックスしているときの表情なのです。

実際、みなさん、鏡に向かって半微笑の練習をしてみてください。

顔の筋肉がゆるむだけでなく、全身がゆるりとほどけてきませんか？

5. 出す気、いただく気を意識して

悪い気を出す。最初に触れたように、自分の中の気は右手から出て行きます。

いやな気持ち、あるいはからだの不調があったら、そのすべてを右手から放り出すつもりでイメージしてください。

しばらくやっていると、まず手の先に何かがたまったような感じがします。

さらに続けていると、スーッと消えてからだが軽くなったように感じるのです。

それが悪い気が抜けていった状態です。

それが終わったら、こんどは左手で宇宙と大自然のパワーを自分の中に取り込むようにイメージしましょう。

6. 大自然のパワーを実感して

瞑想《めいそう》などもそうですが、スワイショーをやっていても、続けているうちにかすかな風の動きや空気の流れ、小鳥のさえずりなどが際立《きわだ》って聞こえてくることがあります。

「素敵な子育てをしようと思ったら、時には海や山、川など自然の中でしばらくボーっとする時間を持ちましょう」

このときもやはり風や水音、小鳥の鳴き声などだけが耳に入ってくる瞬間があります。そして、この瞬間が過ぎると、地球の鼓動、宇宙の鼓動といったらいいのでしょうか、大自然のシステムが静かに動いているのが感じられるようになります。

それは機械的な感じではなく、かすかに弦《げん》が揺れるような音楽に近い音と動きです。

もっとも、これは人それぞれで、どれが本当ということはありません。

自分なりに、それを実感できれば、スワイショーの効果もかなりアップします。

7. 何も考えない無《む》の状態で

宇宙と大自然のパワーを実感して、といっても「これで肩こりが治ったかな？」とか「少しは気持ちが落ち着いたかな」といった成果ばかりを頭に描いていると、しっかりパワーを吸収することができません。

あるいは、「今晩のおかずは何にしよう」とか「今月の電話料の引き落としは大丈夫だったかしら」などと考えごとばかりしているのもよくありません。

「無《む》の境地」といっても、なかなか難しいでしょう、できるだけ何も考えないでいたほうが大自然のパワーを実感しやすくなります。

よく、「ボーっとして時を過ごす」といいますが、私たちの日常の中ではボーっとしているようでいて、頭の中にはさまざまな事柄が去来《きょらい》しているものです。

スワイショーの場合、できるだけボーっとしているのがいいです。

「できるだけボーっとしていましょう」

こんなことをすすめられるだけで、なんだかうれしくなってきますね。

深呼吸でハッピーなお母さんになる

みなさんは、毎日、繰り返し呼吸をしていますよね。呼吸していることを意識したことはないと思います。

でも、ふだんしている呼吸にも、「いい呼吸」と「悪い呼吸」があるのです。

たとえば大きなストレスがあったり、イライラしているときは呼吸が浅くなります。

当然、空気を吸う量が減りますから、からだに酸素が行きわたらないので、脳にも十分な酸素が送れません。

そして、ますますイライラやストレスが強まる悪循環に陥《おちい》ります。

「いいかげんにしなさい！」

「うるさいわね！」

「何度言ったらわかるの！」

と息子にきつい言葉を投げかけているときなども同じですね。

これは悪い呼吸の代表ですが、では「いい呼吸」とはどんなものでしょうか？

みなさん、きっと経験されたことがあると思いますが、海や山などの大自然の中で、「ハーッ！」とばかりに新鮮な空気をいっぱいに吸い込んだとき、どんな感じがしますか？

なんだかからだも気持ちもよみがえったような気がしますね。

じつは、これが「いい呼吸」です。

これと同じ呼吸を家の中にいてもできるのが〝深呼吸法〟です。

簡単にいえば、深呼吸をするだけ。それだけで、からだと心がリフレッシュし、素直な自分を取り戻せます。

☆大自然の気をいただく深呼吸

①背筋をまっすぐ伸ばして座ります。
（正座、あぐら、あるいは仰向けに寝た状態でもＯＫ）

②肩の力を抜き、目を閉じます。

③心臓の鼓動に合わせ、15数えるくらいの時間をかけて、ゆっくりと鼻から息を吐きます。このとき臍下《せいか》丹田《たんでん》（へその下4センチ、奥へ4センチほどの場所）に意識を向けて集中します。

④息と同時に自分の中のいやなもの、邪気を地下9メートルまで全部吐き出すようにイメージします。

⑤息を吐ききったら、5秒ほど息を止めます。

⑥こんどは鼻から吸い込んでいきます。
このとき宇宙と大自然のパワーをたっぷりといただくという意識で。

⑦「吐く」「吸う」を10回繰り返します。

これを朝、昼、夜と一日3回実行してみてください。からだも心もよみがえって、本来のあなたを取り戻せます。

見方を変えるだけで、子どもは伸びる

この章の最初に書いた「口ぐせをなくす3つのポイント」を、もういちど復習してみましょうか。

① 他人と比較しない。
② あるがままの息子を抱きしめる。
③ お母さん自身を大切にする。

この3つでしたね。

これは、そのままお母さん自身が素敵になるためのポイントでもあります。

息子を追いつめる口ぐせが、つい出てしまうときって、どんなときですか？

息子のダメなところやアラが目につくときですね。

そして、いつも同じ言葉で息子を叱《しか》っているお母さんは、まるで一生懸命に息子のダメなところを探しているように見えます。

そばで見ていると、よくまぁ次から次に探し出すものだと感心したり、あきれたりしますが、子どもは子どもでお母さんの網に引っかかるようなことをこれまた次から次にしてしまいます。

これを、まず変えましょうか。

結婚に関するイギリスの古いことわざで、

「結婚する前は相手を両目でしっかり見よ。結婚したら、片目をつぶって見よ」

というのがあります。

息子の見方も、これと同じです。ダメなところは、せめて片目分だけで見て、もう片目は見過ごしましょう。そのかわり両目でしっかり見てほしいものがあります。それは息子の良いところ、素敵なところです。

「それでしたら、たくさんたくさん見えますね」

というお母さんがいらしたら素敵ですね。

「そんなことないですよ。それは、きっとお母さんの目が、息子をちゃんと見ていないからではないですか」とおっしゃる方、あるいは見ていても気づいていない方もあるかもしれません。

息子のマイナスの裏に、きっとプラスが見つかる

もし、あなたの息子がなかなか友達の輪《わ》に入れないとします。公園で遊んでいても、少し離れたところで遊んでいる子どもたちを見つめているだけ。「一緒に遊んできなさい」とお母さんが背中を押すと、輪の中に入るものの、すぐにお母さんのもとに戻ってきてすがりつくという状態です。「引《ひ》っ込《こ》み思案《じあん》でダメね！」と思いますか？　そうですね、このシーンではほとんどのお母さんがそう思うのではないでしょうか。

でも、子育てが終わったお母さんや保育の専門家はどうとらえるでしょうか？「きっとナイーブな感受性のある子なのね。ほとんど心配ないですよ。大きくなったら、きっと思いやりのあるやさしい子になるわよ」

そうとらえるのではないでしょうか。

つまり、「グズで引っ込み思案」に見える子は、その裏側に繊細《せんさい》さ思慮深《しりょぶか》さといった大きなプラス面を持っているのです。

この世のものは、ほとんどすべてプラスとマイナスでできています。またひと

つの事柄には、かならず裏と表があります。どちらか一方だけを見たのでは、全体を見たことにはなりません。息子の欠点や長所だって同じです。

乱暴 ↓ 積極的・行動的
内気 ↓ 思慮深い・やさしい
グズ ↓ 観察力・思考力豊か
甘えん坊 ↓ 愛情豊か
集中力がない ↓ 好奇心旺盛

まだまだいくらでもあげられます。実際、あなたのお子さんをよく観察してみてください。

「口ごたえばかりで、ほんとに可愛くない」と感じたときに、その口ごたえをじっくり聞いてみましょう。「へぇ、そうくるか」と感心する言い方がきっとあります。親を憎《にく》たらしく感じさせるほど口ごたえができるのは、しっかり成長している証拠です。

ね、そのように見方を変えると、息子の良いところがたくさん見えてきます。

お母さん自身もぎゅっと抱きしめてあげましょう

すべてのものにはプラスとマイナス、表と裏があるとお話ししました。

これは、お母さん、あなた自身にも当てはまります。

プラス面を見つけながら、息子をじっくり観察することができたら、こんどはお母さん、あなたを見つめてみましょう。

いままでいやなところばかり見えていた自分が、ちょっと違う姿になっていますね。

たとえば「短気で困る」というのは、「いやなことでもすぐに忘れて元気になる」という明るさにつながっているでしょう。

「せっかち」は、「行動的で、テキパキ派」という半面を持っています。

そんなふうに、いろいろ裏返して自分を見つめなおしてみましょう。

マイナス面が表立っているようなら、プラス面を意識するように心がけましょう。

いずれにしても、すべてのものを両極《りょうきょく》から見つめてみましょう。そして、その両極の自分を愛《いと》しんでいきましょう。
「ダメなところもある。でも、いいところだっていっぱいある！」
そうイメージして自分自身をぎゅっと抱きしめてあげましょう。
自分が好きになれば、人も好きになれる。
自分を好きでなければ、息子だって本当に好きになれませんもの。
すべての存在にただただありがとう。

本作品は当文庫のための書き下ろしです。

男《おとこ》の子《こ》を追《お》いつめるお母《かあ》さんの口《くち》ぐせ

2009年11月5日　第1刷発行
2013年10月31日　第18刷発行

著　者　金盛浦子

編集・制作　株式会社さくら舎

発行人　松浦一浩

発行所　株式会社静山社
東京都千代田区九段北1-15-15 〒102-0073
電話 03-5210-7221
http://www.sayzansha.com

カバーフォーマット　坂川栄治+坂川朱音（坂川事務所）

シンボルマーク　岡崎 立

イラスト　たはらともみ

本文組版　朝日メディアインターナショナル株式会社

印刷・製本　凸版印刷株式会社

ISBN978-4-86389-011-4
Printed in Japan

「聞く力」の育て方

読むだけですぐに身につく！　轡田隆史 監修　志田唯史 著

ビジネスも人間関係も、つまずきの原因は、あなたのその「聞く」姿勢にあるのかも!?　いま見直されている「聞く力」を自ら育てる必読の一冊！

「話す力」の育て方

今日からあなたの会話が変わる！　轡田隆史 監修　志田唯史 著

あなたは普段「伝える」ことに一生懸命になっていませんか？「話す」上で大切なのは相手に「伝わる」こと。42のポイントであなたの会話は劇的に変わる！

挑戦！漢字クイズ

知ってるつもりが大間違い？　坂梨隆三 監修　志田唯史 著

ことわざや四字熟語、動植物の名前から地名、人名、歴史的名辞まで、クイズ形式で手軽に見せて実りは大きい、これぞ究極の漢字クイズ！

菅野祐孝の日本一おもしろい日本史 上・下

菅野祐孝

百万人以上の受験生を救ったあの伝説のテキストを再編集して文庫化。講義の口調そのままに、流れるように楽しく解説。日本史解説の決定版！